Work Book of Counselling Assistance

相談援助ワークブック

〈第二版〉

古川繁子　編著

根本曜子・田村光子・井上深幸　著

学文社

執筆者（執筆順：＊は編者）

根本	曜子	植草学園短期大学	（第1章・第2章・第6章1）
＊古川	繁子	前植草学園短期大学	（第3章・第6章5・8-10）
田村	光子	植草学園短期大学	（第4章・第5章・第6章3）
井上	深幸	聖母女学院短期大学	（第6章2・4・6・7）

はしがき

　新カリキュラムが実施されて3年目になります。旧カリキュラムでは，保育士養成教育の中で「社会福祉援助技術Ⅰ・Ⅱ」と呼ばれていたものが，「相談援助」「保育相談支援」という科目名へと変更となりました。科目名の変更だけでなく，特に対人援助専門職としての保育士が社会の要請に応えることができるように，さらに保育の現場で子どもの最善の利益を守るために，保護者の相談をうけ，対応することができるように学ぶ内容，身につけるスキルを網羅しようとしています。

　保育所保育指針では，「第1章総則2　保育所の役割　(4)　保育所における保育士は，児童福祉法第18条の4を踏まえ，保育所の役割及び機能が適切に発揮されるように，倫理観に裏付けられた専門的知識，技術及び判断をもって，子どもを保育するとともに，子どもの保護者に対する保育に関する指導をおこなうものである」とされています。

　この中にある「子どもの保護者に対する保育に関する指導」については，保育所に子どもを託している保護者のさまざまな事情を考慮したうえで，むしろ「寄り添う」ことであったり，「傾聴・共感」することであるかもしれません。その見極めと必要に応じた相談援助のスキルを用いていくことが求められています。保育の中で行う相談援助ですが，子どもの保護者に対してのみ行うものではないようです。子どもの生活環境として住まいのある地域に対して間接的に援助していく必要も出てくるでしょう。どのような相談ニーズがあり，保育士としてどのように対応していくか，また他の専門職につなげていく時を見極める必要もあります。

　相談援助を行うための技法や理論をこのテキストで学びますが，15回の授業の中で学べるようにこのテキストは構成されています。

　本テキストは，「相談援助」として保育士が保育の現場で相談援助する際に基本となる援助技術について学びます。保育場面での相談支援の実際については，別のテキスト「保育相談支援」にまとめてあります。

　第1章では，保育士の行う相談援助について説明します。その後，相談援助を学ぶ皆さんが演習を行い，技法を身につけることがスムーズに行えるように，コミュニケーションスキルの演習を用意しました。

　まず，行ってみましょう。

第2章では，相談援助とはなにかということを保育士の専門性や相談援助の歴史などを振り返りながら，学んでいきます。

　第3章では，相談援助の実際の場面の事例をとりあげ，おのおのの場面を通して相談援助の理論や技法が必要なことを理解していきます。

　第4章では，相談援助の理論や技法について知ることができます。保育だけでなく福祉の対人援助専門職として必要な視点であり，原理です。

　第5章では，とくに相談援助において重視している"プロセス"について学びます。

　第6章では，相談援助する人が必要な姿勢と技術を演習を通して理解し，身につけていくことができます。第1章から順に学習を進めていくことも良いですが，必要に応じて第6章の演習を先に学ぶことにより，理解度を深めることもできます。

　2014年3月吉日

古川　繁子

第二版へのはしがき

　このたび重版されるにあたって，日頃テキストを使用して授業をする中で感じている改良点，さらにどうしたら学生や読者が学びやすいかを工夫しました。また，卒業生が就職先で困難な事例が増えているという声を寄せてくれることがあります。このワークブックがそれらの事例に対応する保育士の役に立つよう，さらに工夫し続ける努力をすることが執筆者一同の使命と感じています。

　また，読者の皆様には，当テキストをより良くするためにいろいろなお声を聞かせていただきたいと思っています。

　2016年1月10日

古川　繁子

目 次

第1章 プロローグ …………………………………………………………………………1
  1. 「相談」と保育士の「相談援助」……………………………………………………1
  2. 学習をはじめる前に ……………………………………………………………………3
  3. 対人援助・援助職として必要なこと …………………………………………………3

第2章 「相談援助」とは …………………………………………………………………5
  1. 保育士の専門性 …………………………………………………………………………5
  2. 相談援助の役割 …………………………………………………………………………6
  3. 保育とソーシャルワーク ………………………………………………………………6
  4. 相談援助の歴史 …………………………………………………………………………7
  5. ソーシャルワークの概要 ………………………………………………………………8
  6. 保育の中での相談援助の大切さ ……………………………………………………10

第3章 相談援助の場面 …………………………………………………………………13
  1. 相談援助の場面 ………………………………………………………………………13
    (1) 悩みや弱さを抱える人との出会い　13／(2) 専門職としての専門技術・専門知識・価値と倫理の必要性　15
  2. 相談援助の応用 ………………………………………………………………………19
  3. 相談援助のさまざまな場面 …………………………………………………………22

第4章 相談援助の理論と方法 …………………………………………………………23
  1. 相談援助の方法 ………………………………………………………………………23
    (1) ストレングス視点　25／(2) エコロジカル視点　25／(3) エンパワメント・アプローチ　26／(4) 利益の優先　26／(5) 自己実現，社会正義　32／(6) 社会資源の活用とコミュニティ・ワーク　32

第5章 相談援助のプロセス ……………………………………………………………35
    (1) ケースの発見（悩みや問題との「出会い」）　35／(2) インテーク（悩みや問題を「受理」する）　35／(3) アセスメント（相談者のニーズを「把握」する）　35／(4) プランニング（具体的な援助の「計画」を立てる）　36／(5) インターベンションとモニタリング（具体的な援助を「展開」する）　36／(6) エバリュージョンとターミネーション（「事後評価」と「支援の終結」）　36

第6章 相談援助する人が必要な姿勢と技術 …………………………………………43

1. 自己覚知と他者理解…………………………………………………………43
   (1) 自己覚知　43／(2) 他者理解　46
2. 価値と倫理……………………………………………………………………51
3. 対人援助に必要な原則（バイステック7原則）…………………………54
   (1) 個別化を考える　54／(2) 意図的な感情表出・受容について　55／(3) 鏡の原則（非審判的態度）　55／(4) 言葉の裏にある思いに応える　57／(5) 自己決定の原則　57／(6) 秘密保持の必要性　60／(7) 信頼関係（ラポール）の形成　60
4. 対人援助に必要な技術………………………………………………………62
   (1) 記　　録　62／(2) 評　　価　65／(3) 面接技法　69
5. 傾聴・共感……………………………………………………………………76
   (1) 良き聴き手になるために―傾聴のスキル―　76／(2) 共感のスキル学習　80
6. 相手の枠組みで聞く（演習）………………………………………………81
7. 相手の印象を話す（演習）…………………………………………………85
8. プロセスレコード……………………………………………………………87
9. アサーションについて………………………………………………………93
10. エゴグラムチェックリスト…………………………………………………95

全国保育士会倫理綱領……………………………………………………………98

参考文献……………………………………………………………………………100
索　　引……………………………………………………………………………101

第1章

プロローグ

1.「相談」と保育士の「相談援助」

「相談」って何でしょう。

あなたは誰かに「相談」したことがありますか。

それは誰にしましたか。「相談」するときは自分が「相談」できる人を選びますね。どんな人を選びますか。仲良し,信頼できる人,同じ経験のある人などでしょうか。では「相談」されたことはありますか。どんな人からですか。答えることができましたか。できたとしたらなぜ答えられましたか。仲良しだから,自分もそうだと共感できたから,同じ経験があったからなどの理由ではありませんか。

一般に相談は,法律相談や医療相談など専門家にする場合と,一番身近な家族・友人・知人などにする場合などがありますが,保育の現場ではどうでしょう。

保育者は保護者から,「相談」を受け,「援助」をします。それは仲良しでなくてもです。結婚,出産,子育てなど自分に同じ経験がなくてもまた,自分から見たら,保護者の方が間違っていると感じてもです。さらには,保育士は預かった子どもの保育の専門家であるだけでなく子育てをする保護者が子育てをする際に必要な支援を行う専門家として社会から要請されているのです。さらには,自分の性格としては,親しくない人との会話が苦手であったとしても,「相談」をうけ,「援助」をします。

だからこそ,「相談援助」の専門技術が必要になるのです。自己流のやり方や,自分の経験や勘に頼るのではなく,児童福祉の専門職として,専門的知識,技術を根拠に「相談援助」をしていきます。このテキストを通して,保育者が保育の場面で必要とされる「相談援助」について学んでいきましょう。

保育士が,専門職として,どのような働きをしているでしょうか。

保育士の第一番目の仕事は,保育する子どもの成長発達を守り,安全で,清潔な環境づ

くりをすることです。そのために保育士は子どもの発達や，保育技術を学び，それらの専門知識や専門技術を駆使して，子どもを保育します。しかし，子どもの成長や発達を守る環境としての親や近しい人が，生活上の問題をかかえていた場合は子育てをする健全な環境とはいえません。

　ですから子どもの最善の利益を守るためには，環境としての親や近しい人の生活上の問題解決をはかるために，保育士ができることをする必要があります。それが保育士が子どもの親や，保護者に対して行う相談援助です。

　保育士の仕事は，親や保護者の抱える生活上の問題を直接解決することではありません。それには，おのおのの専門家に相談することが大切です。あくまでも子どもの保育が大切な第一の役割ですが，二番目の役割として，主養育者である親や保護者がより良く養育出来る援助をすることです。

　保育士は，保育の場で，できることをします。たとえば，親の悩みに寄り添うことはできます。そして必要があれば専門援助機関につなげます。

　保育士が，保育園であずかっている子どもの様子がどこかおかしい，それも決まって，送り迎えする親や保護者の様子に連動していると気づいた時，保育士は，親や保護者が何か，生活上の問題をかかえているのではないかと気づく必要があります。

　親や保護者に直接「ご家庭で何かあったのですか？」と聞いても，なかなかこたえてもらえない場合があります。ベテランの保育士さんならどうやっているでしょうか。

　まず，お母様が子育てやお仕事に頑張っていることをねぎらっているかもしれません。

　あるいは，園であった一日の出来事，おともだちとの遊ぶ様子などを伝えてから「お疲れのご様子ですよ。何か原因があったのですか？」と声を掛けているかもしれません。

（母）「そんなに疲れている顔をしてますか？」

（保育士）「ええ，少し大変そうに見えますよ。お疲れでは？」

（母）「実は，昨日…」

　とお母様の方から話し始められるかもしれません。

「実は昨日…」と話し出したら，問題（ニーズ）が明確になります。

　すっかり話をしたらそれだけで，「明日は頑張ってみます」というような前むきの姿勢にかわることもありますし，「先生，話を聞いてくれてありがとう」といわれるかもしれません。

　しかし問題（ニーズ）が明確になっても具体的な問題解決の道すじがたたない場合もあ

ります。たとえば,「夫にリストラの話が出ている」とか,「夫婦げんかから夫が家に帰らなくなった」とか病気,借金,人間関係のもつれなどにがんじがらめになっている場合などです。

　そういう場合,病気は病院で医療相談をうけたり,借金の解決や人間関係のもつれには法律事務所の法律相談が,必要になる場合もあります。子どもの発達の問題については,療育相談という専門相談窓口があります。

　親や保護者が専門家に相談してみようかなという気持ちになるように,親や保護者の心に寄り添うことも,保育士の大切な仕事です。

2. 学習をはじめる前に

　それでは専門技術の学習をはじめる前に,まずいろいろな人とかかわり,ワーク①に従ってコミュニケーションする演習をしてみましょう。得意な人も苦手の人も一緒にやってみましょう。自分のコミュニケーションはどうなのか確認してみましょう(ワーク①デートゲームを行う)。

3. 対人援助・援助職として必要なこと

　デートゲームを実際に行ってみていかがでしたか？　身体を動かすと,心や感情も動いたと思います。

　はじめての人と,なかなか話ができなくても,ゲームを通して,話をしたり,自分のことを相手に伝えていくことはできると感じたのではないでしょうか。これらの心や感情を動かし,緊張をほぐす効果のある,種々の,演習を「アイスブレーキング」といいます。必要に応じて,保育の場面でもとり入れられるとよいと思います。これから「相談援助」の授業に入りますが,「相談援助」とは,机の上だけで学ぶものではなくて,身体を動かしたり,演習やロールプレイを通じて「相談援助」の技術を学ぶことが必要です。

　このテキストでは,技術を習得するための理論と,演習を学びます。積極的に参加して「相談援助」の技術を習得しましょう。

相談援助 ワーク❶

デートゲーム

　これから「デートゲーム」をします。進め方と内容は次の通りです。

1. シートにある各曜日についてデートのお相手を見つけ，約束を取り付けてもらいます。相手を探して，交渉し，約束が成立したら，その曜日に名前を記入します。
2. 日曜日の相手は是非，まだお話ししたことのない人と約束しましょう！
3. それでは席を立ち教室を自由に移動しながら，相手を探してください。7つの欄に記入し終えたら，席に着いて待ちましょう。
4. さて，全員がシートの記入を終えたら，これからが楽しいデートのはじまりです。約束をしたお相手とデートをしましょう！

　月曜日の相手の人を探して，席に着きます。合図があるまで，おしゃべりしましょう。

5. 合図があったら，次の曜日の人とデートを楽しんでください。

デートゲームお約束シート

	月曜日	火曜日	水曜日	木曜日	金曜日	土曜日	日曜日
お名前							

約束をしたり，実際にデートをしたりというこの演習の中であなたが感じたことを自由に書きましょう。

出典：対人援助実践研究会 HEART 編『77 のワークで学ぶ対人援助ワークブック』久美出版，2003 年，p.20 より

第2章

「相談援助」とは

1. 保育士の専門性

　保育士の仕事は時代に沿って，次第に，より専門性が求められるようになりました。もともと保育士は保母という名称で女性の職業でした。社会福祉関係の資格としては最も古く，1948年から資格試験がありました。徐々に男性で保育をする人が出てきました。そうした男性に対しては保父という呼び方をしていましたが，1999年に男女の性別に左右されない呼び方である保育士となりました。その後2003年都道府県知事の認定資格から名称独占の国家資格となりました。時代の流れの中で，共働き夫婦が当たり前となり，少子化の中で子育てに支援の必要な保護者が増え，保護者の仕事と子育ての両立を支援する保育士の仕事がより専門的で重要になりました。また，保育士は保育所以外の児童福祉施設で，障害を持った子どもたちやその保護者の子育て，虐待を受けた子どもたちへの支援など，より専門的な支援が求められています。そして，保護者へ保育に関する指導を行うと法律の中ではっきりと示されるようになりました。「相談援助」は保育士のもつ重要な専門技術なのです。この技術を保育の現場で実践することが保育相談支援です。

　児童福祉法第18条の四で，保育士とは，「第18条の18第1項の登録を受け，保育士の名称を用いて，専門的知識及び技術をもって，児童の保育及び児童の保護者に対する保育に関する指導を行うことを業とする者をいう」といっています。

　保育所保育指針では「第1章総則2保育所の役割(4)　保育所における保育士は，児童福祉法第18条の四を踏まえ，保育所の役割及び機能が適切に発揮されるように，倫理観に裏付けられた専門的知識，技術及び判断をもって，子どもを保育するとともに，子どもの保護者に対する保育に関する指導を行うものである」とされています。

　保育者は子どもとかかわる保育そのものの技術はもちろんですが，保護者とかかわる相談援助の専門技術もとても大切な技術なのです。最近では幼保一体化が唱えられ，幼稚園

と保育所の両方の機能をもつ認定こども園ができています。相談援助は保育士だけでなく，幼稚園教諭にも必要な専門技術といえます。

2. 相談援助の役割

　相談をしてくる保護者とはどんな人でしょう。父親，母親，祖父母などの家族です。ではさらに，お父さん，お母さんとはなんでしょう。親。子どもを産んだ人。子どもを育てている人…。どんなイメージを思いうかべますか。やさしい。温かい。安心。強い。愛情深い。中には，おっかない。うるさい。おせっかいとイメージする人もあるでしょう。

　イメージですから，世の中のすべてのお父さん，お母さんに当てはまるとは限りませんね。どんな性格の人でも，子どもを産んだだけで，子どもの親になっただけで，自然にそうなる訳ではないのです。親にとっても初めてのことばかりです。子どもを育てながら，だんだん子どもと共に育ってくるのです。

　この育ってくるところを支えるのが保育者です。中には順調にいかず，子ども，あるいは親，家庭の中に困りごとをかかえてしまうこともあるでしょう。問題をかかえやすい家庭もあります。保護者の困りごとは多種多様です。すぐに解決できない問題もあるでしょう。相談されてもどうしてよいのかわからなくなってしまうこともあるかもしれません。しかし，困りごとをかかえた保護者と一緒に考え，対等な関係で，寄り添っていくこと，これが「相談援助」なのです。

3. 保育とソーシャルワーク

　このような「相談援助」は社会福祉の分野で，「ソーシャルワーク」といいます。個人に直接はたらきかけたり，グループ活動で働きかけたり，地域に働きかけるなどします。保育者はこのソーシャルワークの考え方や方法を活用して，相談を受けます。その対象は生活しづらいと感じていたり，困りごとをかかえている保護者，子ども，保育所に通っている子どもに限らず，地域で子育てをしている人びとです。保育者のように援助する側の人をワーカーと呼び，相談する側の人をクライエントと呼びます。ワーカーはクライエントその人のもつ可能性を十分に発展させて（エンパワメント），困りごとを解決し，生活をより豊かなものにし（ウェルビーイング），その人らしく生きていくこと（自己実現）を支援します。そこには研究と実践を重ねた理論があり，その元となる理念があります。また，保育者は他人の家庭や子どもたちの人には知られたくないデリケートな部分を扱うことに

なるので，職業人としてルールを守らなければなりません（倫理）。

4. 相談援助の歴史

　相談援助の歴史は1800年代にまでさかのぼります。1800年代にイギリスから始まった産業革命は経済活動と人々の生活に直接影響を及ぼしました。農村から大量の貧しい人々が労働者として都市に移り住みました。この貧しくすさんだ労働者の生活を何とかしようと慈善組織協会やセツルメント運動，YMCAやYWCAなどの青少年団体が設立されていきました。この活動がアメリカに渡り，それぞれ専門技術として発達しました（図1-1）。アメリカのボルティモアにある慈善組織協会(COS)に所属していたリッチモンド(Richmond, M. E.)はCOSで行われていた友愛訪問のケース記録を調査，分析をして，1917年に『社会診断』を発刊しました。この中で，ケースワークを「社会的証拠の収集」から始め，「比較・推論」をして「社会診断」を導き出す過程と定義しました。その後1922年に『ソーシャルケースワークとは何か』を執筆し，「人間と社会環境との間を個別に，意識的に調整することを通してパーソナリティを発達させる諸過程から成り立っている」といいました。つまり，困りごとをかかえた個人への面接などを通し，その人とその環境に働きかけ，その人を変化，成長させていく援助です。こうして，ケースワークはCOSの友愛訪問という慈善活動から脱却し，様々な学問の影響をうけながら，科学的な専門的支援の方法として確立されてきました。

　一方，セツルメント活動は貧困の問題を多くかかえた地域に当時エリートとされていた大学生や知識人が住み込み活動したことから始まりました。同じ住民としてかかわり合い，生活することによって，子どもたちへの学習活動やレクリエーション活動などのグループ

図1-1　ソーシャルワークへの発展

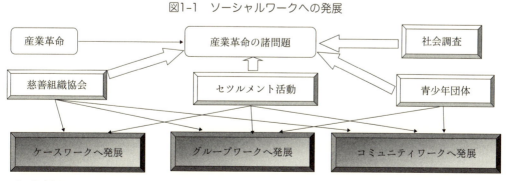

出典：社会福祉士養成講座編集委員会編『新社会福祉士養成講座6　相談援助の基盤と専門職』中央法規出版，2010年，p.50

活動を通して，住民自らが，生活改善していく力をつける支援をしました。また，同時期にYMCA等の青少年団体はクラブ活動やキャンプなどのレクリエーション活動を行っていました。この活動が社会環境など地域への働きかけにもなっていきました。このようなグループ活動や地域活動の中に様々な学問や理論を取り入れ，グループワークやコミュニティワークという専門技術へと発展しました。現在では，これら全体を総称して「ソーシャルワーク」つまり「相談援助」と呼んでいます。

5．ソーシャルワークの概要

　ソーシャルワークは，社会や時代の流れの中で，いろいろな変遷がありましたが，現在日本では，「社会福祉援助技術」とも呼ばれています。現在日本で，定着しているソーシャルワーク（社会福祉援助技術）の概要を知っておきましょう。

《種類》（直接援助技術）ケースワーク，グループワーク
　　　　（間接援助技術）コミュニティワーク，ソーシャルアドミニストレーション，ソーシャルアクション，ソーシャルプランニング，ソーシャルリサーチ
　　　　（関連援助技術）スーパービジョン，コンサルテーション，カウンセリング，ケアマネジメント，ソーシャル・サポート・ネットワーク

《構成要素》4つのP：場所（place），人（people），問題（problem），過程（process）

《専門性の構造》専門技術，専門知識，価値と倫理の3つが同心円に描かれます。

　詳しくは，第4章　相談援助の理論と方法，第5章　相談援助のプロセス，第6章の相談援助する人の姿勢と技術に解説されていますが，「相談援助」を専門に行う社会福祉士と，保育の現場で「相談援助」を行う保育士とでは，多少の違いはあるものの，ソーシャルワークの基本的概要は同じであることを知っておきましょう。また，専門職は，専門技術を駆使して援助します。保育士であれば保育技術と相談援助技術ですが，その専門技術は専門知識に裏付けされていなければ，たんなる経験と勘の技術となってしまいます。子の育ち（発達）や，子育て（保育），それを保障する環境との関係や法律等専門知識を学んでいる人に保育士という名称独占は許されます。

　さらに，それだけでなく専門職として何を大切にしているか（価値：例子どもの生命，健康，発達保障，信用等）が社会的に要求されてきます。それを倫理といいます。保育士は専門職業集団として共通にもっている職業倫理があります。

　全国保育士会倫理綱領として全国保育士会が作って発表しています。その価値観や倫理観を保育士という名称を独占する専門職業人は核としてもっていなければなりません。

相談援助 ワーク❷

保育士の専門性と相談援助

次の文章の□□□を適切な語句で埋めなさい。

1) 児童福祉法第18条の4で保育士とは，「第18条の18第1項の登録を受け，保育士の□□□を用いて□□□知識及び技術をもって，児童の保育及び児童の□□□に対する□□□に関する指導を行うことを業とする者をいう」

2) 保育所保育指針では，「第1章総則2保育所の役割（4）保育所における保育士は児童福祉法第18条の4を踏まえ，保育所の役割及び□□□が適切に発揮されるように□□□に裏付けられた□□□知識，技術及び□□□をもって，子どもを□□□するとともに子どもの保護者に対する保育に関する指導を行うものである。」

3) ワーカーは，クライエント自身の持つ可能性を引き出し発展させることを□□□という。また，クライエントが困りごとを解決し，生活をより豊かなものにすることを□□□という。さらにクライエントがその人らしく生きていくことが重要でそれを□□□という。
それらソーシャルワーカーがクライエントを支援していく裏付けとして研究と実践を重ねた□□□があり，その元となる□□□がある。
専門職業人としてルールを守らなければならない。それを職業倫理という。

4) 相談援助は，1800年代にイギリスで始まった□□□やセッツルメント運動，YMCAやYWCAなどの青少年団体の設立を起源とし，その後アメリカに渡り専門技術として発達した。□□□は1917年に著書を出版し，その中でケースワークを「□□□」から始め「□□□」をして「□□□」を導き出す過程と定義しました。

5) また1922年に出版した著書の中では，ケースワークとは「人間と社会環境との間を個別に，□□□に調整することを通して，□□□を発達させる諸□□□から成り立っている」として，困りごとをかかえた個人を成長・変化させ，その人が困りごとを解決出来るように支援することと言っています。
一方セッツルメント活動やYMCA等の青少年団体活動から□□□や□□□という専門技術が確立してきました。

6) ソーシャルワークの大切な構成要素としてメアリー・リッチモンドは□□□，□□□，□□□，□□□の4つのPをあげています。

6. 保育の中での相談援助の大切さ

　保護者の相談援助を行うことは重要な意味をもちます。子どもが就学前，保育所，幼稚園で過ごす期間は数年間です。そのうち保育所，幼稚園にいる時間は子どもにより違いますが，一日のうちの数時間，多い子どもは十数時間の場合もあります。それ以外は家庭で過ごします。その家庭での生活は保育の時間と同様に子どもの育ちの重要な部分を占めます。そして，数年間を保育所，幼稚園で過ごした後も就学以外の多くの時間を大人になるまで，その家庭の中で過ごします。

　家庭の中の子どもの育ちをになう保護者の相談援助をすることは子どもが大人になるまでの環境を整え，健やかに成長する子どもの権利を守る役割をします。そして成長した子どもたちは自分の育った家庭をモデルに新しい家庭を築いていくのです。したがって，保育者が行う相談援助は人の人生を左右させるほどのとても重要な仕事なのです。

相談援助　ワーク❸

新入園児の母，みゆきさん

　みゆきさんは結婚2年目，昨年出産し，今は育児休暇中で男の子ゆうとくん（10ヵ月）を育てています。みゆきさんはひとりっ子でした。子どもは嫌いではありません。しかし，これまで子どもとかかわった経験といえば，知りあいの赤ちゃんがベビーカーに乗っているのをあやしたりする程度で，赤ちゃんを抱き上げたのは自分の子どもが初めてでした。

　結婚するまで家事もあまりしたことがなく，派遣社員の夫のまことさんと共働きで何とかこなしています。初めての子育ては情報誌，インターネットなどを参考に精一杯頑張っています。両親からは育てやすい赤ちゃんだといわれます。しかし，夜中の授乳，おむつ交換，離乳食など，まことさんも協力してくれますが，みゆきさんにとっては今までに経験したことがないほどの大変さです。正直疲れ果てています。

　母親に相談することもありますが，母親もみゆきさんしか育てたことがなく，「私は男の子を育てたことがないからわからない」といわれます。

　そんな中，職場復帰が決まり，保育所への入所が決まりました。今はその準備に追われています。みゆきさんは子育てと仕事の両立ができるのか，自分の職場復帰がうまくいくか，自分の育て方は正しいのか，保育所の他の親と仲良くできるか，夫がどのくらい協力してくれるかなどあふれるほどの不安で胸がいっぱいです。でも，この気持ちをわかってくれる人はまわりには誰もいません。

　このような保護者を支援していくのです。みゆきさんの孤独さ，張りつめた気持ちが伝わってきますね。みゆきさんについてグループで話し合って考えてみましょう。

・みゆきさんのかかえている問題を整理して箇条書きしてみましょう

・このままだったら，みゆきさんはどうなっていくでしょう

・どんな支援が必要でしょう

第3章

相談援助の場面

1. 相談援助の場面

　さて，みなさんは，なぜ「相談援助」を学ぶのでしょうか。また学んだことはどんな場面でいかされるのでしょうか。相談援助がいかされる場面について，いくつかの視点にわけて考えてみましょう。

（1）悩みや弱さをかかえる人との出会い

　相談援助を必要とする人との出会いは，日常生活のさりげない出会いの中で起こることもしばしばあります。相談援助を必要とする人はどんな人でしょうか。疾病や障害をもっている人から，日常かかわっている友人まで。

　「相談援助」という言葉から，あなたはどんな印象をうけるでしょうか。「困った人の相談にのってあげる，援助してあげる」には，専門的な格式ばった印象をうけるので相談援助を必要とする人との出会いは，日常生活の中のさりげない出会いの中でおこることもしばしばです。だからこそ「相談援助」を学ぶ必要があるのです。

　次ページのワーク③を実施しましょう。

　私たちは日常生活の中でのさりげない瞬間に，友人の悩み，家族の思いなどに出会います。相談援助が活用される場面は，特別な場面ではなく，こうした日常生活の中からはじまるのです。日常生活の中でのさりげない出会い。日常生活の中でのあるがままの姿に寄り添い，いたわる。困難に直面する力が湧いてきます。

　この時有効なピアカウンセリング，ピアヘルパーの援助方法もありますが，傾聴，共感，受容が基本です。第6章で演習しておきましょう。

相談援助　ワーク④

悩みや弱さをかかえる人との出会い

① あなたが大学に入学して，すぐに困ったことはどんなことですか？
　　その困ったことをどのようにして解決しましたか？

　　新入生が大学生活で困ることはどんなことでしょう。
　　上級生としてあなたはどんな援助ができるでしょうか？

② あなたの大切な友人が最近話もしてくれなくなりました。どうしますか？

　　あなたの友人が，その友人の大切な人から「おもいがけない不信の言葉をいわれた」という悩みを話したとしたらあなたはどのようにしてあげますか？

(2) 専門職としての専門技術・専門知識・価値と倫理の必要性

　法律の専門家，たとえば弁護士などが行う法律相談や，医療専門家が行う医療相談などは，本当に困った時やその困ったことの解決方法が法律か医療かとはっきりした時に相談を受けに行きます。

　相続でもめたとか，隣家と家の境界線のことでもめたとか，犯罪にかかわってしまったとか訴えられた時は，法律事務所へ相談に行きます。それが多少高額な相談料がとられることがわかっていてもです。

　また認知症が疑われるけれども，どこの病院へ行ったらいいかわからないとか，糖尿病で足を切断すると主治医にいわれたが，それ以外の治療方法はないだろうか，セカンドオピニオンをうけたいとか，医療上のせっぱつまった相談も保健所や，病院の相談窓口へ行きます。

　このように，どこに相談に行くべきかその専門分野がはっきりしている場合や，専門家に相談する以外に解決方法がみつからない場合などには専門の相談窓口へ相談に行きます。

　専門職に相談する理由はなんでしょうか。

　ひとつには，専門家の持つ専門知識が必要だからです。他には，その専門職がもつ専門技術の必要性です。裁判になった場合には，弁護士のような，法律の知識をもち，弁護技術のある人に依頼する方がよいといえます。

　また，それらの専門職業団体は，職業団体の倫理すなわち倫理綱領をもっています。職業上知りえたクライアントの事情や事実を，むやみに他人に漏らしてしまっては困ります。専門職能団体は，倫理綱領をもっていることで，社会的信用を，担保しています。ですから，安心して相談できるわけです。

　専門技術，専門知識，倫理の3つは，専門職の構成要素といいます。

　専門技術・専門知識・倫理（価値）の3つを，コロンビア大学大学院の渋沢田鶴子氏は，同心円の構成をもつとしています。

　中心に倫理（価値），その同心円の外側に専門知識，いちばん外側の同心円に専門技術という構成です。おのおのの専門職は専門技術を持って専門的な相談援助やその他の援助を行いますが，その専門技術は，専門知識の裏付けがあること，さらに職業人としての倫理・価値が中心に据えられてはじめて専門職業人として，社会に認められます。

　保育士も，専門的保育技術を身につけ，その裏付けとなる専門知識を備えるだけでなく中心に，倫理観，保育相談行為をすることの価値観を備えていきましょう。

相談援助　ワーク⑤

専門職の倫理

　あなたは保育士として保護者Aから，「夫が暴力をふるう」と相談されました。その相談を受ける際あなたは，どう感じますか？　どうしなければいけないと思いますか？

　保育士として大切な相談活動場面で必要な姿勢と技術は，第6章にまとめられています。演習しながら修得していきましょう。
　また，相談をしてきた保護者との間で大切にしなければいけないことは何でしょうか？

　ワークBでは，保育士であるあなたに悩みを打ちあけてきた保護者は，あなたを，保育士という専門職として信頼していると考えられます。日頃，子どもを保育してくれている姿から，この人にならという思いで，悩みを打ちあけたのかもしれません。
　でも，このAさんが「夫から暴力をふるわれているらしい」という話が，他の保護者の間でうわさになったらどうでしょうか。
　Aさんはあなたが他の保護者に話をしたかもしれないと考えるかもしれません。
　Aさんの悩みを他にもらさないという姿勢は大切にしなければなりません。保護者や保育園児との間で大切にしなければならないことを価値といいます。そして，職務上知りえた秘密は，他に漏らさないということは全国保育士会の倫理綱領に定められています。保育士という専門職といわれる人びとが職務上守らなければならないことを明文化して，保護者や一般の人びとにお約束しているのが倫理綱領です。

相談援助　ワーク❻

保育士として寄り添う

保育士「お母さん，B子ちゃん今日，他のお友達のおやつを食べてしまったの。最近，落ちつき
　　　　もなくて。おうちでどんな様子ですか？」
母　　　「家では，そんなことありません」
保育士「……」

1) この事例を考えるうえでの問題点を整理してみましょう。

2) 上記のことから，自分の考え（対処方法）をまとめてみましょう。

3) グループで話しあって，グループとしての対処方法をまとめてみましょう。

4) グループごとに発表し，他のグループと比較しましょう。感想を記述しましょう。

○「子どもの最善の利益と福祉の重視」

　この事例を考えた時，保育士は「子どもの利益や福祉」が優先であったのか，「保育士の利益」を優先したのか考えてみることが大切です。子どもの最善の利益とは，子どもが安全に健やかに成長するための視点ですので，B子が他児のおやつを食べてしまったことは，困った行為なのか（保育士の視点），成長に応じてB子の食欲が旺盛になった（B子の視点）ためか解釈が分かれます。保育士にとっては困った行為ととらえられますがB子にとっては，成長のあかしと解釈することができます。ただ，B子の成長に伴った食事の量を，家庭で確保できていない可能性も考えられます。B子の成長に伴った食欲を，家庭でまかなうことができるのか，もしできないとすればどのようにすれば良いのかなどを考える必要があります。

○「子どもの成長と喜びの共有」

　B子が成長することを保育士同士や保育士と保護者の間で喜び合えることが大切です。食事のことだけでなく，心身の成長，社会性と協調性の発達，努力の習慣など保育園での生活や成長を保育士から保護者に知らせる時，連絡ノートを活用することも大切です。それは保育士と保護者が協同して子どもの成長を見守っているという関係づくりにつながります。そしてそれは，保護者からの信頼を得ることができます。連絡ノートは，報告にとどまり義務的になりがちですが，成長を共に喜び合うノートの記入の工夫や，保護者会や職員同士のミーティングにおいても「子どもの成長と喜びの共有」をする工夫をするといいですね。

○「保護者の養育力を向上に役立てる支援」

　保育士が「B子が問題を起こした」時，保護者であるB子の母親にB子の行動をそのまま報告したことは，母親にとって，しつけや養育態度を批判されてしまったと思うかもしれません。母親は，責められていると感じた時，B子の養育に自信を喪失してしまうかもしれません。やがて孤立無援の子育てとなってしまったかもしれません。こんな時に，『バイステックの7原則（・個別化の原則・受容の原則・意図的な感情表出の原則・意図的な情緒的関与の原則・非審判的態度の原則・自己決定の原則・秘密保持の原則）』を用いて良い援助関係が結べるように保育士の援助スキルを習得しておく必要があります。保護者が一番の養育者です。保護者の養育力を信じて，向上していくことを支援するのも保育士の役割です。

2. 相談援助の応用

　悩みや弱さをかかえる人と出会った時，自分の経験から「こうした方がいい」と教えてあげたい気持ちを抑えて，共感し，傾聴していくと，その人が気持や本心を語ってくれるということや寄り添うことが相談援助では大切だということがわかったと思います。そして，保育の場面では，相談をうける際に相談の内容を他へ漏らさないという倫理を身につけた行動で，信頼を得られるということも理解できたと思います。

　さらに，専門職として「子どもの最善の利益と福祉」を優先し，「子どもの成長と喜びの共有」や「保護者の養育力を向上に役立てる支援」が求められていることも学びました。

　さて，相談援助はそれだけでしょうか。傾聴・共感や寄り添うだけでなく，他の専門職の相談へつなげることが必要な場合があります。

　ワーク⑦を通して考えてみましょう。

相談援助　ワーク❼

相談援助の応用

① 隣のひとり暮らしのDさん（70歳）宅に最近，中学生の男子が数人，昼間から入り浸っています。どうやらお孫さんと，その友達が学校をサボってたむろしているようです。
　　このような時あなたは，誰かに相談しますか？　それは誰ですか？

　　どのように相談をしますか？　あるいは相談をうけますか？

② 中学校時代の同級生の弟（小学校5年生）が，勉強ができないので夏休みの間，家庭教師をしてほしいと，保育の勉強をしているあなたが頼まれました。
　　家庭教師に行ってみると，算数の，数式の計算はできるのですが文章題の問題はできないようです。
　　そこで文章題の算数の問題を，声をあげて読んであげると，答えを出すことができました。ひょっとすると学習障害があるかもしれないと思いましたが，あなたが家庭教師だったらどうしますか？
　　どこか専門機関へ相談しますか？

相談援助　ワーク❽

相談援助のさまざまな場面

　次の場面は，A．悩みや弱さをかかえる人への傾聴・共感が必要な場面，B．専門職の相談へつなげることが必要，C．保育士として寄り添う場面のどれでしょう。そして保育士のあなただったらどう対応するでしょうか。

① なつ子ちゃんのお母さんはなつ子ちゃんの妹を出産して以来，青い顔がますます青く，やせてしまいました。なつ子ちゃんの保育園への送迎以外は家で寝ているといいます。なつ子ちゃんもこのごろ元気がありません。

② 4歳児クラスのゆかりちゃんとはな子ちゃんは，いつもゆかりちゃんが，はな子ちゃんをリードする形で遊んでいます。今日はいつもおとなしいはな子ちゃんが，「いやー。イヤだって言ったらイヤー。いつも赤ちゃんの役ばかり」と。どうやらいつもの役割を押しつけられることに反発している様子です。それに対して，口が達者なゆかりちゃんは，はな子ちゃんに猛烈な調子で意見しています。とうとうはな子ちゃんは泣き出してしまいました。

③ 0歳児の太郎君，土曜・日曜をはさんで月曜日に登園してくると，いつもお尻が真赤になってただれています。そして金曜日にかけてオムツかぶれは徐々に治っていきますが，2日続きでお休みが続いた時などは，もとの黙阿弥で，お尻が真赤にただれています。
　おかあさんに，その理由をたずねると，「いつものように生活しています」と答え，それ以上のことを聞くわけにいきません。

④ 児童養護施設に実習に行った保育学生のいずみさん，実習担当のあけみ保育士に，こういう話をしました。「あけみさん，私は保育士を目指していてよかったと思います。養護施設には，指導員や相談員やいろいろな職種の人がいますが，子どもたちをしつけるだけで，あまやかしてあげることが少ないと思います」。

⑤ 2歳児クラスの健太君，もうすぐ誕生日です。3歳になりますが，他の3歳児に比べて，体重も身長も発育上，あきらかに劣っています。また，集中力に欠け，きょろきょろしていることが多く，語彙数はわずかで，まだ単語が二語文です。出産時は正常分娩で，体重は3500グラムと標準だったそうです。

⑥ 5歳児の真理恵ちゃんは，お迎えが来るまでの間，他の皆と園庭で高鬼をしていました。その時ころんで顔面をコンクリートに打ち，鼻から出血してしまいました。
　ちょうどお迎えに来たお母さんが，その状況を見て，パニックになってしまいました。

⑦ 団地の別府さんは2番目のお子さんの出産間近となりました。別府さんの長男の一郎君は，4歳です。今まで，ひとりっ子で母親と離れたことがありません。別府さんの母は介護が必要な状態で別府さんの夫の母は働いているので，出産時には，長男の一郎君をどうしたらいいかと悩んでいると，保育園に子どもをお迎えに来た春子ちゃんのおかあさんが，保育士に話しました。春子ちゃんのおかあさんと別府さんの家は隣どうしです。

⑧ 最近園長先生の勧めで療育相談所へ行った努くん（5歳）のおかあさんは，現在の保育園で保育士さんたちの，努くんへの接し方には，信頼しています。しかし，今年4月から，新しく担任になった保育士えつ子さんに，努君の今までの様子を理解してもらえていないことに不満があります。こだわりが強かったり，今まで遊んでいた仲の良いお友達が今日は遊んでくれないことの理由が理解できず，植木鉢をけってこわしてしまったりします。そのことは勉くんの特性なのですが，えつ子保育士は理解しないで注意するといいます。

⑨ 愛子ちゃんがいつもより元気がありませんでした。お迎えの時愛子ちゃんのおかあさんに，担任の保育士長谷川さんが聞きました。
　母「実はゆうべ，夫婦げんかを愛子の前でしてしまったんです」
　H「それで愛子ちゃん元気ないのかな？」
　母「実は夫の会社からお給料が最近出ていないんです」
　H「……」

⑩ 3歳児の悠人君は少々乱暴です。
　言葉も上手に言えないせいか，お友達にかみついたり，叩いたりします。
　実はおかあさんが，家でおばあちゃんの介護をしながら，仕事をしています。おとうさんは，介護にも，家のことにも，協力してくれていない様子です。

3．相談援助のさまざまな場面

　ワーク⑧は，実際の悩みや弱みをかかえる人のいくつかの場面です。

　そこに記述されている場面はほんの一部で，保育士のかかわる相談援助はさまざまな場面があります。ワーク⑧を通して，いろいろな場面に応用できるようにしましょう。左記の事例のうち，「A．悩みや弱さをかかえる人への傾聴・共感が必要な場面」は④です。後輩の育成も保育士に課せられた使命です。

　「B．専門職の相談へつなげることが必要」は，①，③，⑤，⑦，⑨，⑩です。①のなつ子ちゃんのおかあさんは，医療的な専門機関につながっているのでしょうか？　産後うつや，体力の衰えが考えられます。送迎時にお母さんの大変さを話していただけるといいですネ。③の太郎君のおかあさんは，育児の経験や知識が不足しているだけでなく，土・日には，つかれて育児に時間がかけられないくらい，仕事が忙しいのでしょうか。シングルマザーで，経済的に，苦しいのかもしれません。あるいは，他の悩みがあるのかもしれませんが少し深刻な様子を感じます。育児相談や，他の専門機関への相談が必要な事例かもしれません。⑨や⑩も同様ですね。

　⑤は，発達や療育上の課題がありそうです。療育相談へつながるといいでしょう。

　⑦は，おとうさんが送りむかえできるなら保育園の一時入所，できないようなら，養護施設の一時入所が利用できます。保健センターや，こども家庭支援センターでの相談につながるといいでしょう。

　②，⑥と⑧は「C．保育士として寄り添う場面」です。②は自我の芽ばえたはな子ちゃんが自己主張している場面です。自我は時々他者とぶつかりますが，まずは見守り安全な環境で他者との関係の再構築をうながすよう保育士として寄り添いたい場面です。

　⑥ではお母さんがパニックになってしまいましたが，まず子どもの安全を保育士が見守る必要性があります。また，万が一怪我をしてしまった場合も適切な処置を施し，落ちついた対応を心掛け，お母さんにも状況説明をして驚きや興奮がおさまり，おちつくまで寄り添いましょう。しかし，Bとした事例もまずはしっかり寄り添うことからはじめたいです。

　さまざまな場面で，その時必要とされる専門知識や専門技術は違います。関係機関や，他の専門領域のことを知っておく必要もあります。

　第4章以降で，相談援助の共通の理論や基本的な方法を学びましょう。

第4章

相談援助の理論と方法

1. 相談援助の方法

　あなたは「らくがき」をして楽しんだことはありますか。「らくがき」は，その絵になにか「意味」があったり「物語」がひそんでいたり，描いた人の思いが伝わる面白さがあります。子どもたちと「らくがき」を楽しむとき，絵の不得意な子どもでも楽しめるようにこんな方法を使います（みなさんもぜひやってみてください）。

　まず，1枚の白紙の真ん中に，○（円）を描きます。近くにいた子どもに「目」や「口」を描いてもらいます。さらにとなりの子どもが「ひげ」を加え，次の子どもがその顔に「ニックネーム」を書き加える。すると，子どもたちが集まってきて，その顔に性格をつけたり，家族を描いてくれたり，物語ができていたり…気がついたときにはひとつの作品になっています。「これが今日からこのクラスのキャラクターです」と伝えると，子どもたちは，「もっとかっこよくしたい」「私はもっとかわいいキャラクターをつくろう」と，描くことが上手，下手でなく，「やってみたいこと」「楽しいこと」になります。

　ただの「らくがき」遊びのように思いますが，「どうしたら楽しい遊びになるのか」「子どもだからこその発想をいかしたい」「みんなで楽しむ働きかけ」など，さまざまな思いや働きかけが潜んでいるのです。ここに，相談援助を学ぶヒントがあふれています。

　相談援助は，日々の支援的なかかわりに加えて，ソーシャルワークを基本としたさまざまな視点・見方をもって，専門的な方法・技術（skill）を組み合わせながら，「人と環境が相互に影響し合う接点」にアプローチしていきます。ここでは，アプローチのための視点，方法をいくつか紹介します。また，ワークシートのワークを行いながら，理解を深めましょう。

プラス・ストローク

これから　ストレングス視点に結びつくワーク「プラス・ストローク」を体験します。
1. あなたがいってほしい言葉を○で囲んでください。いくつでもかまいません。
   また他にいってほしい言葉があれば，（　　　）の中に書いてください。
2. 2人組になってください。
3. 相手にこのワークシートを渡してください。
4. 相手に「あなたは□□な人ですね」と「□□」のところに「1」で○で囲んだ言葉や，書き加えた言葉を入れていってもらいます。
5. そのたびに「ありがとう」といって受け入れてください。
6. 交代してください。

明るい	まじめな	強気な	親しみやすい
やわらかい	ゆかいな	思いやりのある	自由な
温かい	安定した	慎重な	充実した
積極的な	おしゃべりな	さっぱりとした	にぎやかな
強い	きちんとした	元気な	気持ちのよい
静かな	素直な	幸福な	頼もしい
陽気な	責任感のある	敏感な	たくましい
活溌な	落ち着いた	美しい	勇敢な
鋭い	理性的な	派手な	優しい
良い	意欲的な	面白い	のんびりした
親切な	かわいらしい	感じのよい	社交的な
（　　　）	（　　　）	（　　　）	（　　　）
（　　　）	（　　　）	（　　　）	（　　　）
（　　　）	（　　　）	（　　　）	（　　　）

7. この演習であなたが感じたことを自由に書きましょう。

出典：西村宣幸『コミュニケーションスキルが身につくレクチャー＆ワークシート』学事出版，2008年

(1) ストレングス視点

ストレングス視点とは，どんな人もその人なりの力を発揮できるとして，人のもつ潜在能力に視点をあわせて支援する考え方です。その人が欠けている部分があれば，欠けている部分だけに働きかけるのではなく，その人自身のかけがえのない力や価値に働きかけ，包み込むような支援をすることです。保育の場面では，子どもの説明や経験の解釈に関心をもってかかわる姿勢や，自分で考え，自分で行動しようとする子どもの力を信じ，支援することが求められます。この考え方は，子どもがすることを手放しで賞賛したり，間違っていても見ないふりをすることではありません。できないことや足りない部分の改善は，子どもが成長する機会なのです。これを無視するということは，かえって子どもの力を信じていないことにつながります。「できないこと，困難」と「その人自身がもつ力」の両方にバランスよく目を向け，その人の力が湧いてくるような働きかけが求められるのです。

(2) エコロジカル視点

エコロジカル視点は，人がかかえる問題や悩みは，その人自身の中から生まれているのではなく，その人を取り囲む周囲の環境との接点で，不均衡さや摩擦が起こり，ストレスが生まれるという考え方です。前に「人と環境が相互に影響し合う接点」に働きかけることが相談援助であると書きましたが，エコロジカル視点では，人と環境の接点に働きかけ，その関係の改善をはかります。

「エコロジカル」と聞くと，環境にやさしい社会づくりを想像する人が多いのではないでしょうか。これは人がこれから何世代にも渡って生きていくために，かかえている人類にとっての悩みへのアプローチなのです。便利になった社会で私たち人類が生きる限り，自然をまったく壊さないことは難しい。だからこそ，人類と自然が共存できるような社会づくりのために，その関係の改善をはかっている試みが求められるのです。

人がかかえる問題や悩みは，その人自身の力だけでは解決しえない問題が多くあります。特に福祉の現場で対応しなくてはならない生活課題は，家族，社会の変化，友達など，社会関係の中で起こります。こうした「困った」に注目し，その人との関係の中で，何らかの方法や支援によって，「困った」から「よかった」に改善できるよう働きかけることが求められるのです。

(3) エンパワメント・アプローチ

エンパワメント・アプローチは，人の力を引き出す支援のことです。弱い立場にある人が，自分の権利に気づき，自ら発言したり，行動したりして，周囲に影響力をもつように支援していきます。エンパワメント・アプローチは，その人の力の状態に応じて，個人的なレベルから，対人関係的レベル，そして社会的なレベルへと広がって展開されていきます（以下参照）。

①個人的レベル	②対人関係的レベル	③組織・環境的レベル	④社会的レベル
自分に対する信頼感を回復する	他の人との相互支援関係をもつ	組織・環境を見つめて，権利を主張する	社会変革・社会資源の創造を働きかける

エンパワメント・アプローチには，「自己信頼」という基礎をつくることが特に重要です。人が問題や悩みをもったとき，試行錯誤しても解決できない状況がつづくと，解決しようとしなくなったり，それによって本来もっている力が奪われ，自己否定につながることも多くあります。問題や悩みの解決には，その人自身が，問題や悩みに向かい合うことが必要です。そのためには，ストレングス視点やエコロジカル視点など，さまざまな手法を用いて，自己信頼や自己肯定感の基礎を築くことが求められます。

(4) 利益の優先

悩みや問題をかかえた人は，どんな人に相談したいでしょうか。「専門家として指導してくれる人に相談にのってほしい」という人は，自分で解決可能な力をもっている人でしょう。

自分で解決方法が見つからないで困っている人は，おそらく「同じ立場で話を聴いてくれたり，受けとめたりしてくれる人」を求めると思います。

悩みや問題をかかえた人と向き合ったとき，相談援助を行う「専門家」は，知識や立場から「強者」となってしまいがちです。「専門家」としてのスキルが，相談者の問題解決に適切にいかされるためにも，**利益の優先**という考え方が大切です。

福祉サービスの分野では「利用者第一主義」という言葉を使います。福祉サービスの利用者の利益が一番に尊重されるように支援する視点です。

児童福祉の分野では「子どもの最善の利益」という言葉を使います。この言葉は，児童の権利に関する条約（以下，子どもの権利条約）の第3条に規定される原則です。「児童に関するすべての措置をとるに当たっては，公的若しくは私的な社会福祉施設，裁判所，行政

相談援助　ワーク❿

いのちのつながりを考える

　ここでは相談援助で大切な「エコマップ」を書きながら，「いのちのつながり」を考えてみましょう。

1. 真ん中の○があなたのいのちです。（名前を書く）　あなたのいのちとつながる人，社会資源（ヒト・動物・場所・モノでもなんでもかまいません）を想像できるかぎり書いていきましょう。
2. あなたを取り巻く環境，あなたと人，社会資源との関係を線で結びましょう。
　　強い関係ならば太い線，弱い関係ならば点線，
　　緊張・ストレスのある関係ならば波線，感情・エネルギーの流れを矢印
　　さらに，具体的な状況をメモしておきましょう。

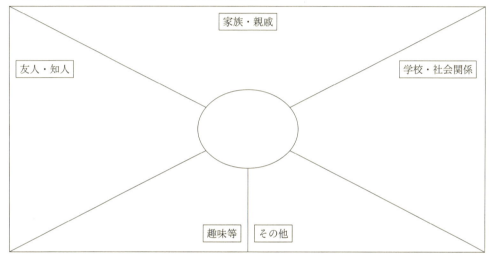

3. あなたの「いのち」は自分だけのものでしょうか。さまざまな人のおかげで「自分」が存在し，さまざまな「いのち」との関係の中で「自分」が生きることができます。そんな「いのちのつながり」を考えながら，感想を書いてみましょう。

出典：谷川和昭ほか『Skill Training Seminar in Social Work』関西福祉大学，2005年
　　　大竹直子『自己表現ワークシート』図書文化，2005年

相談援助 ワーク⓫

自己肯定感

相談を聴く基本は，相手に信頼感をもつこと。同時に，自分にも同じ力があると信じることが必要です。ここで，あなたの，自己信頼感をチェックしましょう。

(1) あなたは自分や人をどのように評価しているでしょうか。いつもそう思う＝3，ときどきそう思う＝2，あまりそう思わない＝1，まったくそう思わない＝0，を空欄に記入し，縦に集計してください。

			A 自己肯定	B 自己否定	C 他者肯定	D 他者否定
1	私は生まれ変わったら別の人間になりたい					
2	私は人よりすぐれたところがある					
3	私は失敗すると自分のせいだと思う					
4	私は自分から行動することができる					
5	私は自分がイヤになることが多い					
6	私は自分に自信がある					
7	私は思い出したくないことがある					
8	私は他の人をうらやましく思う					
9	私は今の自分に満足している					
10	私は努力すれば向上することができる					
11	私はこのままではいけないと思う					
12	私は個性的である					
13	人は身体の不自由な人をみれば席を譲る					
14	人は自分が不利にならないように嘘をつく					
15	人は多少不正をしても自分の利益を得ようとする					
16	人はお釣りが多かった時に正直に言う					
17	人は子どもが転んだら起こしてあげる					
18	人は誰も知らない所で不正を行っている					
19	人は努力すれば向上する					
20	人は親切にしてくれても下心をもっている					
21	人はその人にしかない魅力がある					
22	人は失敗すると他の人の責任にする					
23	人は自分の利益のために友人を裏切る					
24	人は友だちとの約束は守る					
合計						

A＞B，C＞D＝自他肯定
A＞B，C＜D＝自己肯定・他者否定
A＜B，C＞D＝自己否定・他者肯定
A＜B，C＜D＝自他否定

(2) あなたの自己信頼感の傾向について，以下の図を参照に自己覚知しておきましょう。さらに，保育者となるあなたの自己信頼感について，感想を書いておきましょう。

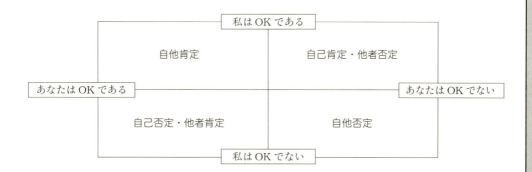

私はOKで，あなたもOKである（自他肯定：自分も他人も信じる）
精神的に健康な状態。自分の良い面も悪い面も，好きな面も嫌いな面も，すべて引き受けて，よりよく生きていこうとする。自分が安定しているので，他人も受け入れることができる。援助するひとにとって最も望ましい。
私はOKだが，あなたはOKでない（自己肯定他者否定：自分は信じるが他人は信じない）
自信過剰で自分だけが正しいと強く信じている状態。うまくいかないことがあると，人の責任だと非難する。相手を傷つけたい，のけ者にしたいという気持ちが強くなる。相談を受けても上から見下ろして物を言ったりしがち。
私はOKでないが，あなたはOKである（自己否定他者肯定：自分は信じないが他人は信じる）
すぐに他人と比べてしまい，人から認めてもらおうとしたり，自分はダメだと思いやすい状態。悩みから逃げようとする。逃げられなくなると他人に頼る。援助するより援助される立場になることの方が多い。
私はOKでないし，あなたもOKでない（自他否定：自分も他人も信じない）
自分も他人も信じられず，どうでもいいやと投げやりになる。自分や他人を傷つけたり，引きこもったりする。悩みを相談しない。

出典：西村宣幸『コミュニケーションスキルが身につくレクチャー＆ワークシート』学事出版，2008年

相談援助 ワーク⑫

子どもの最善の利益

次の事例を読んで,「子どもの最善の利益」について考えてみましょう。

> ミドリ保育園に通っているシオリちゃん（5歳）の両親は離婚した。離婚前は,いつも母親が送迎しており,シオリちゃんはお母さんが大好きだった。しかし,離婚後は父親か祖母が送迎している。先日,ヤスエ先生は母親が園の門のところから保育園の中を見ていることに気づいた。声をかけようと思っているうちにシオリちゃんの母親の姿が見えなくなった。その話しを祖母にすると,「絶対にシオリに合わせないでください。それがシオリのためです」と言う。両親の離婚のあと,シオリちゃんが母親の絵を暗い色で書くようになった。ヤスエ先生は複雑な気持ちになっている。

(1) あなたが,ヤスエ先生の立場だったとき,「絶対にシオリに会わせないでください」という祖母の言葉にどのような思いを持ちますか。

こうした気持ちは「子どもの最善の利益」を尊重しているでしょうか。
また,「子どもの最善の利益」を考えたとき,祖母の気持ちをどのようにとらえたらよいでしょうか。考えてみましょう。

(2)「子どもの最善の利益」を考えたとき,シオリちゃんが絵を描いているときに,保育者としてどんなかかわりをするでしょうか。

(3) この家族の家族関係図（ジェノグラム）を書いてみましょう。

書き方は女性は○，男性は□であらわし，人と人を線で結ぶ。
本人は二重線で表す。また，死亡者は×で，離婚は斜線で示す。
同居家族は丸で囲む。年齢などがわかればそれぞれの下に示す。

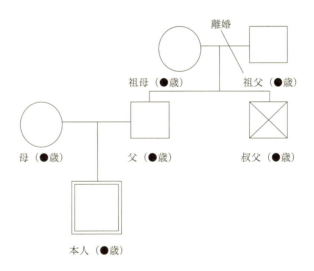

さらに，練習として，あなたの家族関係図（ジェノグラム）を書いてみましょう。

出典：吉田眞理『生活事例からはじまる保育相談支援』青踏社，2012年

当局又は立法機関のいずれによって行われるものであっても，児童の最善の利益が主として考慮されるものとする。」(子どもの権利条約　第3条1項)と示されています。

　相談援助場面のささいなことから，援助者が優位になってしまうことがあります。また子どもの支援では，子どもより大人の利益が優先されてしまうこともしばしばあります。援助者が，常に自己覚知や振り返りを行い，利用者や子どもの最善の利益がはかられているかどうかを検証する姿勢が求められるのです。

(5) 自己実現，社会正義

　障害のある人，病気をかかえている人，加齢のために判断能力が不十分な人，どんな人であっても，すべての人が実現のできる最大限の可能性を追求する**自己実現**の権利をもっています。そして，こうした人々の自己実現は，社会全体で支援する責任があるのです。

　競争社会とよばれる現代社会において，自己実現は力の強い者のみに与えられがちです。また，弱い者の自己実現が，強い力によって侵害されてしまうこともたびたびあります。

　相談援助には，侵害されやすい人びとの権利を守り，自己実現できるように支援することを超えて，権利が侵害されている当事者やそのグループ，また市民とともにこの問題に向き合い，改善されるように人びとや社会に働きかける行動，**社会正義**や公正の達成を目指すというダイナミックな目標をもつことも大切な視点です。

(6) 社会資源の活用とコミュニティ・ワーク

　社会資源とは，「社会生活上のニーズの充足や問題解決のために活用される多様な資源の総称である。施設，機関，設備，備品，資金等の物的資源，ソーシャルワーカーなどの各種専門職，家族，ボランティア等の人的資源，制度，制作，法律等の制度的資源のほか，知識，技能，情報など，あらゆるものが含まれる」とされています。

　ある幼稚園の運動会が行われました。運動会の来賓席に目をやると，地域の自治会や町内会の会長さん，**民生委員**の方などが招待されていることがあります。地域で幼稚園を見守ってくれたり，運動会のようなイベントの実施時に，音楽やピストルの音などの騒音や交通問題などについて，住民との間にたって苦情解決をしてくれたり，地域の中で日々の生活において見守りが必要な親子について，同じ地域住民として見守ってくれたり，地域の情報を把握し，幅広い人間関係をもっている貴重な社会資源です。

　そのほか，子どもを支援してくれるさまざまな**社会組織**があります。たとえば，最近で

は，NPO法人という言葉を聴くことが多くなりました。NPO法人とは正式名称で「特定非営利活動法人」といいます。20種類ほどの分野で，広く社会一般の利益のために活動する法人のことで，近年では，子育て支援活動をしてきたグループや母親グループがNPO法人として組織的に活動したり，保育事業や障害のある子どもへの支援サービスなど，福祉サービスを事業展開する団体が増えてきました。こうしたさまざまな社会資源を利用者につなげること，また連携をはかりながら見守っていくことなどが求められます。

　また，利用者の問題解決において，地域社会の変革や新たな社会資源の創造が必要な場合があります。地域社会のニーズを把握し，住民の積極的な参加と社会資源の活用による地域活動を促すことで住民の問題解決を図ることを**コミュニティ・ワーク**といいます。偏見や差別から社会的弱者を守ること，政治的な力をもたない人びとの意見に社会的影響力をもたせるなど，権利を守り，権利を活かす社会へのアクションが必要なこともあるのです。

　相談援助は，社会資源を活用し，利用者の内面にある問題解決の力を刺激し，活用することで利用者の「自律性」を高めることを目指します。援助者は，常に地域社会からの情報を入手し，問題解決において活用する，また必要があれば社会へのアクションを起こすことが求められます。

　「人と環境が相互に影響し合う接点」へのアプローチは，悩みや問題をかかえる人，その個人へのアプローチ（**ケースワーク**）だけでなく，グループの力や特性を活用し問題解決をはかるアプローチ（**グループワーク**）や，社会へのアクションを活用する（**コミュニティーワーク**）など，問題に応じて，効果的な方法を織り交ぜながら展開させるのです。

　はじめに「らくがき」の話をしました。「らくがき」が魅力的なものになるためには，もちろん絵を描く技術や，物語を作りあげる創造性が必要です。しかし何よりも大切なのは，描くことができる「環境」であり，そこに興味をもってかかわってくれる子どものちから「人のちから」が大切なのです。

　ここで学んだ相談援助の視点や方法には，こうした「環境」や「人の持つ力」，またその可能性を「信じる力」「価値観」の大切さが描かれています。相談援助の過程で用いられる視点や方法は，相談者の人生や生活を描くうえで，大きな影響を与えることを意識しておきましょう。

相談援助　ワーク⑬

あなたのための社会資源

　あなたの「生活」は実に多くの社会資源を活用することで成り立っていることを気づくためのワークです。

(1)　あなたは来年から就職することになり，同時に現在住んでいる街から遠くにある都市で一人暮らしを始めることになりました。一人暮らしの準備としてどんなことをすればよいでしょうか。

(2)　その準備を進めるために，どのくらいの時間とお金が必要ですか。それはどこから調達してきますか。

(3)　新しい街で楽しく生活していくためにどのような情報が必要でしょうか。その情報はどこから集めることができますか。

(4)　このワークを通して，あなたを支える「社会資源」はどのようなものがあったでしょうか。具体的に，相談援助にどのように生かせるか考えてみましょう。

出典：谷川和昭ほか『Skill Training Seminar in Social Work』関西福祉大学，2005年

第5章 相談援助のプロセス

　私たちがどこかに出かけるとき,「出発地」から,ある道筋をたどって,「目的地」にたどりつきます。同じように相談援助には,悩みをかかえる相談者との「出会い」から出発し,「問題解決」という目的地に向かって,大筋で共通にたどっていく7つの局面があります。ここではその7つの局面と,そこで行われる支援内容について学びます。

(1) ケースの発見 (悩みや問題との「出会い」)

　相談者の話から,相談者だけでなくその家族がかかえている問題,またその問題についてのそれぞれの思い,考えなどに,出会う時期。子どもや保護者から問題を直接相談される場合,子どもの変化や保護者の悩みに気づく場合,他の相談機関や地域などから相談がもちこまれる場合などがあります。

(2) インテーク (悩みや問題を「受理」する)

　相談者のかかえる悩みや問題について,ともに解決するために,相談者の同意を得て,専門的な支援を開始する時期。コミュニケーション技術や対人援助のさまざまな視点や技術を駆使しながら,悩みや問題についての情報を収集するとともに,信頼関係(ラポール)を形成していきます。

(3) アセスメント (相談者のニーズを「把握」する)

　相談者から得た情報とさらなる手がかりや情報収集により,相談者の主訴やニーズを明確化し,把握する時期。相談援助で対応する悩みや問題は,非常に複雑で,一般的な価値判断や思いだけでは,理解しにくいことも少なくありません。そこで,ジェノグラムやエコマップを用いて,人間関係を整理し,相談者の言葉や行動の裏に隠されている思いを明確にしていきます。

（4）プランニング（具体的な援助の「計画」を立てる）

具体的な援助目標や援助計画を立てる時期。相談者自身が問題解決に向けて歩んでいくために，相談者自身のもつ潜在的な力や社会資源などを活用し，援助の方針を立てていきます。また状況に応じて，短期，中期，長期的な援助目標を定めて，それぞれで必要な援助計画を立てていきます。

（5）インターベンションとモニタリング（具体的な援助を「展開」する）

実際的な相談援助活動を展開する時期。プランニングに従いながら，必要があれば環境調整や社会資源を追加しながら，あくまでも相談者自身が主体的に問題解決を行えるように支援します。また，問題解決の経過を観察しながら，点検する**モニタリング**も大切です。相談者にどのような変化や影響が与えられているかの点検だけでなく，現在のプランニングが継続可能か，その効率性なども検討し，必要があれば再アセスメント・プランニングを行います。

（6）エバリュエーションとターミネーション（「事後評価」と「支援の終結」）

エバリュエーションは支援活動が終了した後の振り返りの時期。可能であれば相談者とともに行うと効果的です。たどってきた道のりを振り返り，この問題解決の過程で培った解決力や自分自身の力をこれからの生活にいかすための基礎となります。

ターミネーションは支援活動を終結する時期。問題が解決された，あるいは当事者のみで問題解決にあたることができるなど，援助者と相談者がともに理解したときに終結となります。また，**リファー**（他の適切な専門家や機関を紹介する）することで，退所・退園により支援の終結を迎えることもあります。しかし，エバリュエーションやターミネーションを迎えたとしても，再度相談援助が必要になることも考えられます。常にフォローアップできる体制を整えておくことが大切です。

相談援助　ワーク⓮

ケースの発見・インテーク

① 「子どもや保護者の悩みや問題」と出会う保育場面はどのような時でしょうか。どの場面で出会うのか具体的に考えてみましょう。

> （例）帰りのお迎えの相談の場面

② 実際に相談援助が開始される必要がある場面（インテーク）はどのようなときでしょうか。相談者の状況，息遣いなど詳しく考えてみましょう。

> （例）お子さんの状況を話しても，まったく返事がない

①，②を振り返ってみて感想を書いてみましょう。

相談援助　ワーク⑮

インテーク
～コミュニケーション技法～

　ここでは，相談者がかかえる悩みや問題を，気兼ねなく表出できるようにするためのコミュニケーション技法を学びます。いくつかの代表的な技法を下に示します。

1. 受容　　・・・相手の話を受容的に聴きます。相手の話をただ聴くのではなく，**うなずき**（聴いていることを態度でしめす）や**あいづち**（理解しようとしていることを伝える）などを取り入れると，相談者に「聴いてもらえる」という実感を築きます。

2. 繰り返し・・・相手の話の中にでてきた，相手の思いや感情を，そのままの言葉でもう一度反復したり，話の要点を整理して返したりします。相談者の気持ちの整理を手伝うことができ，おちついて悩みや問題に向き合える思いを築きます。

3. 明確化　・・・相手の話を聞きながら，相手がなかなか言葉にできない思いや，相手が求めている応えを先取りして返します。話に対する自分の抱いた感情や思いも含めながら，相談者が悩みや問題に向かえるように返します。

4. 支持　　・・・相手の話の合間や切れ目に，同意や励ましの言葉を入れます。**はげまし**（「すごいなあ」「それはよかった」など）や**共感的応答**（「私もそう感じる」「よくわかる」「もっと詳しく聞かせて」など）で返すことが，相談者の自己肯定感を育てます。

5. 質問　　・・・相手の話に対して質問をします。相談者の悩みや問題を理解するための情報収集のためですが，**好意の伝達**（話し手に関心があることを伝える）や**会話の促進**（話し手の話したいことを引出して会話をはずませる）ことを意識します。また，相談者自身が，自分でも思ってもいない視点に気付くことにもつなげます。

6. 非言語　・・・視線や表情，相手との距離感や向き合い方，話を聞く姿勢，声の質量，ジェスチャー（手振り・身振り）など，非言語的な技法です。時間の厳守や相手への言葉づかいなど，相手を尊重する態度が重要です。

それでは，これらの技法を意識しながらワークに取り組んでみましょう。

1. 三人組になります。話し手，聞き手，観察者を決めてください。
2. 椅子を自由に動かして，3者の位置を決めましょう。
3. 話し手は，「小学生の頃の思い出」という題材で，2分間話をします。
   聞き手は，上記の技法を使用しながら，聞きます。
   観察者は，話し手と聞き手をよく観察します。
4. 2分間が終了したら以下のシートに評価します。また役割を交代して体験してみましょう。

〈話し手として〉よく聞いてもらえましたか

　　　　　　　5　　　　　　　4　　　　　　　3　　　　　　　2　　　　　　　1

　　　大変よく聞いてもらえた　かなり聞いてもらえた　少し聞いてもらえた　あまり聞いてもらえなかった　ほとんど聞いてもらえなかった

話し手として感じたことを書きましょう。

〈聞き手として〉技法をつかってよく聞くことができましたか

　　　　　　　5　　　　　　　4　　　　　　　3　　　　　　　2　　　　　　　1

　　　確実によく聞けた　かなりよく聞けた　少しよく聞けた　あまりよく聞けなかった　ほとんど聞けなかった

聞き手として感じたことを書きましょう。

〈観察者として〉聞き手は言語的技法や非言語的技法でよく聞いていましたか。

　　　　　　　5　　　　　　　4　　　　　　　3　　　　　　　2　　　　　　　1

　　　確実によく聞けた　かなりよく聞けた　少しよく聞けた　あまりよく聞けなかった　ほとんど聞けなかった

　　　　　　話し手はよく聞いてもらえているようでしたか

　　　　　　　5　　　　　　　4　　　　　　　3　　　　　　　2　　　　　　　1

　　　大変よく聞いてもらえた　かなり聞いてもらえた　少し聞いてもらえた　あまり聞いてもらえなかった　ほとんど聞いてもらえなかった

観察者として気がついたことを書きましょう。

出典）日本教育カウンセラー協会編『ピアヘルパーワークブック』図書文化，2002年

相談援助 ワーク⓰

アセスメント・プランニング

次の事例をよんで，アセスメント・プランニングをしてみましょう。

対象児：保育園年中（4歳児クラス）の男児4歳
保育園での様子：保育園では落ち着きがなく，じっとしていられない。何か一つのことにこだわりだすと頑として譲らず，クラスの動きを止めてしまうこともある。友達と遊べず，よくけんかになり，汚い言葉で相手をののしったり，噛みついたりすることがある。やや発音が不明瞭で，理解が悪いところがある。忘れ物が多く，コップや箸などもちゃんと洗われていない様子。休み明けは遅刻が多く，月曜日は調子が悪い。小柄で，色黒，皮膚はカサついて，細かな傷が目立つ。大人が1対1で遊ぶとあどけない笑顔でよく甘えて，とてもかわいらしく，問題行動があることなど忘れてしまうくらいである。
家族構成：父親（50）会社員，母親（42）専業主婦，姉（高1），兄（中3），本児（4歳）
　未確認情報であるが，兄が不登校らしい。父親はどうしているのかはまったくわからない。母親はできるだけ担任と顔をあわせないようにしているのか，そそくさと連れてきて，連れて帰るため，なかなか母親と話ができない。ときおり姉が迎えに来ることがある。
出典：『そだちと臨床 vol.1』明石書店，2006年より

① この事例の問題はどんなことでしょうか。対象児だけでなく，この事例からみえるさまざまな問題点を箇条書きにしてみましょう。（主訴をまとめる）

② この家族状況をジェノグラム・エコマップで表してみましょう。
　まずはジェノグラムを書いてみましょう。そこでその他の関係者をエコマップして対象児が置かれている状況を図式化しましょう。

③ 男児及びそこにかかわっている以下の人びとがかかえている問題、及びその問題がどう解決されたらよいかを考えてみましょう。（ニーズを把握する）

対象	問題となっていること	どう解決されるべきか
男児		
友達		
母親		
その他家族		

④ 保育者としてのねがいをまとめましょう。また、対象児に応じるときに、大切にしなくてはならない価値観、考え方について、前章の「相談援助の視点・方法・技術」を参照に記しておきましょう。（自己覚知・アプローチの視点）

保育者のねがい
相談援助の視点・方法・技術

⑤　支援目標をたてて，保育方針をまとめてみましょう。（プランニング）

対　象	個別のニーズ	短期目標	長期目標	担当者部署
男　児				
母　親				
その他 （　　　）				
その他 （　　　）				
その他 （　　　）				

上記を踏まえて全体的な保育方針をまとめましょう

⑥　上記の保育方針は，どの時点でモニタリングが必要でしょうか。
　　なぜその時点なのか，グループで話し合って考えてみましょう。

日後に モニタリング	理由

⑦　アセスメント・プランニングをふりかえってみて感想を書いてみましょう。

第6章

相談援助する人が必要な姿勢と技術

1. 自己覚知と他者理解

最初に，次ページの挿入ワーク⑯（演習）をしてみましょう。

(1) 自己覚知

ゆうとくんとお母さんが帰った後，さおりさんは考えていました。せっかく問題を見つけたのに，自分の何が悪かったのだろう。どうしたらよかったのだろう。

さおりさんはどのように声をかけたらよかったでしょう。

さおりさんは担任の保育士として，ゆうとくんの昨日の服装を覚えていたので，着替えていないことに気がつきました。その上，お母さんの表情が暗かったことにも気がつきました。しかしその点にばかり，気が取られ，お母さんの事情をさておき，「多分昨日と同じ服装だと思うのですが，どうしたのですか」といいました。

人にはそれぞれ，過去の経験などに影響され，自分に大切なこと，好きなこと，受け入れにくい考え方などがあります。こうしたことが質問するときの態度や言葉に出やすいのです。さおりさんの言葉の中に「着替えを毎日しないのはおかしい，間違っている」，「気づいたことははっきりさせたい」という思いが出ているようですね。きっと顔つきや言葉の勢いなどにも出ていたかもしれません。これではゆうとくんのお母さんの困りごとの本質には近づくことができません。

保育者は相談援助を行う専門職として，日頃から意識してこうした自分の価値観，性格，感情，話し方のくせなどに気づく必要があります。これを「自己覚知」といいます。人は人生の中で起こったあらゆる出来事，出会った人に影響されながら，自分の価値観を作っています。相手を理解しようとする前に「自分というもの」を理解しておく必要があるのです。これらを客観的に知ることで，自分をコントロールできるのです。困りごとをかか

相談援助　ワーク⑰

失敗したさおりさんの声かけ

　さおりさんは複数担任で０歳児クラスを担当しています。２ヵ月前に入園したまもなく１歳になるゆうとくんが昨日と同じ汚れたままの服を着てきました。母親のみゆきさんは暗い表情です。さおりさんは気になり，お迎えのときに「ゆうとくんは多分，昨日と同じ服装だと思うのですが，どうしたのですか。何かあればお話を聞かせてください」と声をかけました。ところが母親は「話すことなどありません」とゆうとくんをつれて急いで帰ってしまいました。
次のことを話し合ってみましょう。
○さおりさんが気づいた問題は何でしょう。

○なぜ，さおりさんは「お話を聞かせてください」といったのに断られたのでしょう。

○ゆうとくんの母親はさおりさんにどんな気持ちで「話すことなどありません」といったのでしょうか。考えてみましょう。

○さおりさんはお母さんに何をいいたかったのでしょう。

相談援助 ワーク⑱

さおりさんの声かけを考える

○さおりさんの言葉かけの気になるところは

○あなたならどのように声をかけますか。その理由も考えてみてください。

○実際にロールプレイで演じてみましょう。

○演じてみて，わかったこと，感じたことを書き出してみましょう

えている人は自分が悪いと責められるのではないか，こんなことわかってもらえるだろうかと，すでに感じていることが多いのです。保育者がこうしたデリケートになっている人に向き合うには「自己覚知」されていることが重要です。

次のワークシートで何気なく感じていることなど正直に言葉にして，自分を発見してください。自分がどんな人間であるかを理解していくことが「自己覚知」に繋がります。

(2) 他者理解

自分のことを理解することでも簡単なことではありませんでしたね。では自分でない他者の理解となるとどうでしょう。どのように理解していったらよいのでしょう。

人のことを理解する，わかるとはどういうことでしょうか。たとえば「りんご」を理解するということはどういうことでしょうか。姿はすぐに目に浮かびます。それは横から見た姿ですか。上から見たらどうでしょう。縦に輪切りにしたり，横に輪切りにしたり，皮をむいたり，食べやすく切ったり，味わってみたり。それぞれ理解，わかることが変わってきます。理解する，わかるということはいろいろな見方ができるということが重要なのです。逆の言い方をすると，「簡単にわかったつもりにならない」といえるでしょう。「よくわからない」ということも「理解」の始まりです。「わからない」ところがある。どこが「わかりにくい」かを知ることが「わかる」ということにつながっていくのです。

人の行動や言い分の背景や動機は単純ではありません。相談する人の訴えは微妙なことが含まれていたり，複雑な気持ちがこめられていたり，ぱっと見は見えない重要なことが隠されていたりします。初めは「わからない」ことが多いのが当然といえます。「わかること」を急ぐと「わかったつもり」で，かえってかたよった理解になるおそれもあります。

相談するクライエントは「わかってほしい」という気持ちと「わかりっこない」と感じている場合もあります。「わかったつもり」ではなく，わかろうとする態度，じっくりとクライエントの話に耳を傾け，話に寄り添っていくことが重要になります。

保護者と保育者は毎日の数分間の送迎時の対話の積み重ねで信頼関係が少しずつ形成されます。これをラポールの形成といいます。さおりさんはまだ入園から2ヶ月のラポール形成が十分でないお母さんに問題をずばりと聞いています。お母さんのみゆきさんには何か事情があったかもしれません。着替えていないことに後ろめたさを感じていたかもしれません。はたしてこの声かけでゆうとくんのお母さんに受け入れられるでしょうか。こうしたまわりや相手の状況に保育士のさおりさんは気づいていたでしょうか。

相談援助　ワーク⓳

自分を発見しよう

*ワークⅠ

① 私は＿＿＿＿＿＿＿＿＿＿＿＿＿＿＿＿＿＿＿＿＿＿＿＿＿＿＿＿＿＿＿＿＿＿＿＿です。
② 私は＿＿＿＿＿＿＿＿＿＿＿＿＿＿＿＿＿＿＿＿＿＿＿＿＿＿＿＿＿＿＿＿＿＿＿＿です。
③ 私は＿＿＿＿＿＿＿＿＿＿＿＿＿＿＿＿＿＿＿＿＿＿＿＿＿＿＿＿＿＿＿＿＿＿＿＿です。
④ 私は＿＿＿＿＿＿＿＿＿＿＿＿＿＿＿＿＿＿＿＿＿＿＿＿＿＿＿＿＿＿＿＿＿＿＿＿です。
⑤ 私は＿＿＿＿＿＿＿＿＿＿＿＿＿＿＿＿＿＿＿＿＿＿＿＿＿＿＿＿＿＿＿＿＿＿＿＿です。

*ワークⅡ

① 私は＿＿＿＿＿＿＿＿＿＿＿＿＿＿＿が好きだ。私は＿＿＿＿＿＿＿＿＿＿＿＿＿＿＿が嫌いだ。
② 私は＿＿＿＿＿＿＿＿＿＿＿＿＿＿＿が好きだ。私は＿＿＿＿＿＿＿＿＿＿＿＿＿＿＿が嫌いだ。
③ 私は＿＿＿＿＿＿＿＿＿＿＿＿＿＿＿が好きだ。私は＿＿＿＿＿＿＿＿＿＿＿＿＿＿＿が嫌いだ。
④ 私は＿＿＿＿＿＿＿＿＿＿＿＿＿＿＿が好きだ。私は＿＿＿＿＿＿＿＿＿＿＿＿＿＿＿が嫌いだ。

*ワークⅢ

あなたはこの学校で何を学びたいですか？

① 私はこの学校で，＿＿＿＿＿＿＿＿＿＿＿＿＿＿＿＿＿＿＿＿＿＿＿＿＿＿を学びたい。
② 私はこの学校で，＿＿＿＿＿＿＿＿＿＿＿＿＿＿＿＿＿＿＿＿＿＿＿＿＿＿を学びたい。
③ 私はこの学校で，＿＿＿＿＿＿＿＿＿＿＿＿＿＿＿＿＿＿＿＿＿＿＿＿＿＿を学びたい。
④ 私はこの学校で，＿＿＿＿＿＿＿＿＿＿＿＿＿＿＿＿＿＿＿＿＿＿＿＿＿＿を学びたい。

*ワークⅣ

あなたは将来どんな保育者になりたいですか？

①＿＿＿
②＿＿＿
③＿＿＿
④＿＿＿
⑤＿＿＿

出典）対人援助実践研究会 HEART 編「77 のワークで学ぶ対人援助ワークブック」2003 年，p. 81 より

相談援助 ワーク⑳

私の価値観

それでは次に具体的に自分の価値観を表現し，なぜそのような価値観になってきたか，自分を振り返って，考えてみましょう。そしてグループで発表してみましょう。

私の	口癖	考え方	生活スタイル	好み	その他
現　在					
なぜ，そうするようになったのでしょう？					

相談援助 ワーク㉑

ライフイベント

　自分の価値や考え方のベースの1つになっている自分の生育歴を，ライフイベントの作業を通して明らかにしていくワークです。
　この作業を通して自分の価値観を知ること自己覚知がねらいです。

人生の曲線
ライフサイクル
・ライフサイクルとは，元来，生涯において所得と生計費がどのように変動するか人生の過程をたどりながら示した観念である。
・今日では，より広く人間の生涯に起こりうる状態や段階の展開を示す言葉として使われている。

ライフイベント
・多くの人は，自身の誕生，就学，就職，結婚，労働，子どもの誕生，子どもの就学，子どもの就職，子どもの結婚，本人引退，配偶者死亡，本人死亡等の，ライフイベントを経験しながら人生を送る。
・それぞれの段階で役割や義務を背負い，各種の利益や損失に遭遇し，情緒的な喜びやストレスと向き合うことになる。

ライフサイクルとライフイベント
・上記にあげたイベントを誰もが経るわけではないし，病気，事故，離婚，失業その他さまざまな思いがけない出来事に遭遇することもある。
・人が一番ストレスを感じるライフイベントは「離婚」だという。しかし何がストレスかについては個人差が大きい。
・あなたにとってこれまで最もストレスを感じた出来事は何だっただろうか。また，そのストレスはどう回避され，今の自分にどう影響しているだろう。これから同様のライフイベントに出会ったとき，その経験がどのようにいかされるだろう。
・過去は否定できないが，それを未来にいかすことはできる。

手紙を書く
・「人生の曲線」を描くなかで，思い出された印象に残る人を一人選び，手紙を書いてみましょう。
・もう亡くなっている人，会うことはない人でもかまいません。
・今その人に伝えたいこと，聞いてみたいことなど，浮かび上がる思いを綴ってみましょう。

振り返り

・今日の作業を通して，の振り返りをします。

・これまでの体験や出来事の中から印象に残ることのいくつかについて，文章化しましょう。

・事実関係だけでなく，それが今の自分にどんな意味があるか記述しましょう。

・そのうえで，今日の作業を通して感じたこと，得られた印象を書いてください。

私の人生曲線

・自分の人生を曲線で表してみましょう。

・誕生から現在までの時間軸を横線に，縦軸は，自分にとっていい時期だったと肯定的に振り返ることが出来る場合はプラスの方へ，その逆はマイナスの方に線を描いてみましょう。

・その時期にあった印象的な出来事，思い出に残る人の名前なども書き入れてみましょう。

・過去の体験や環境において，振り返ることに大きな心理的抵抗がある場合は，無理をせず可能な範囲で取り組むことです。

・思い出したくない経験や消化できていない出来事は省略してかまいません。

2. 価値と倫理

　人は，さまざまな考え方すなわち異なった価値観をもって生活しています。相談援助にあたる専門職には，人びとがもつさまざまな価値観を受け入れることが求められています。このことは，後述の「対人援助に必要な原則」で述べています。一方，相談援助にあたる専門職は，共通の価値観をもつ必要があります。なぜなら，クライエントにかかわるときの判断基準，態度に違いがあると，クライエントに混乱をもたらすからです。また，専門職集団は共通の価値観を前提として共通の技術を駆使することで，その専門職としての機能を果たすことができるからです。この価値観とは理念であり，倫理はその理念を具現化するための態度であり行動指針だといえます。このような指針ないしは具体的な行動の基準に沿って専門職としての実践を果たすことが求められています。

　それでは，相談援助にあたる専門職が共通にもつべき価値とは何でしょうか。日本社会福祉士会倫理綱領には，ソーシャルワーカーとしての価値・行動指針が定められており，前文，価値と原則，倫理基準から成り立っています。価値と原則には，人間尊重と人権尊重を基本にして，社会正義の実現を目指すことが価値基準として明示されています。倫理基準には，利用者の利益を優先させることが強調され，プライバシー・自己決定の尊重，守秘義務，社会との関係，所属機関でのあり方，専門職としての責務といった行動指針が明らかにされています。倫理綱領は，職能団体として，どのようなことを最も大切に考え，専門技術や知識を通して社会に貢献するのかという専門家としての基本的姿勢のあり方を，社会（国民）に対して公言し公約するものです。この「大切に考えること」が価値であり，「守らなければならないこと」が倫理といえるでしょう。

　相談援助を業とするソーシャルワーカーは，社会福祉専門職としての価値観，倫理観と広く深い専門知識をもち備えてはじめて機能します。しかし，相談援助にあたる専門職は，機関に所属し組織の中でさまざまな役割を担っているため，所属組織の価値に影響を受けることもあります。社会の価値と対立する場合も考えられます。どのような場面であっても，倫理綱領の十分な理解と適切な活用が相談援助にあたる専門職には求められます。

相談援助 ワーク㉒

価値と倫理①

　あなたが保育の現場で相談援助する時，クライエントである保護者との間で「大切にすること」（価値）は何ですか？
　また，そのために「守らなければならないこと」（倫理）は，どのようなものでしょうか？
　価値と倫理をまず自分一人で考えてみましょう。そのあとで，グループで意見交換をして，グループとしての価値と倫理をまとめ，発表しましょう。

〈自分で考えた〉
価値：「大切にしなければならないこと」

倫理：「守らなければならないこと」

〈グループで話し合って決めた〉
価値：

倫理：

相談援助 | ワーク㉓

価値と倫理②

　グループで作った，価値と倫理を発表しあって他のグループと比較してみましょう。
　自分たちの作ったものにあって，他のグループにないものあるいは逆に他のグループにあって自分達のグループにないものをみつけましょう。

　クラス全体のグループの発表を聞いて感じたことを記しておきましょう。

　ここでは，あなたが作った保育士になったら大切にしなければならない価値と守らなければならない倫理を，全国保育士会倫理綱領と比較してみます。自分たちの視点と全国保育士会倫理綱領との違いや感想を記しておきましょう。

3. 対人援助に必要な原則（バイステックの7原則）

相談援助の基本は「信頼関係」にあります。バイステック（Biestek, F. P.）は，援助する側（保育者）と援助される側（保護者・子ども）の間の「信頼関係」を構築するための7つの原則を示しています。

> 『バイステックの7原則』
> 1. 個別化の原則
>   人間は，特定の人格を持つかけがえのない個人として尊重されなければならない。
> 2. 意図的な感情表出の原則
>   利用者が自己の肯定的感情や否定的感情を自由に気兼ねなく表出できるように意図的にかかわる。
> 3. 統制された情緒関与の原則
>   援助者は自分の感情を自覚して吟味して，かかわる。
> 4. 受容の原則
>   あるがままに利用者を全人的に受け入れる。
> 5. 非審判的態度の原則
>   援助者は，道徳的観念や自分自身の価値観から利用者を一方的に非難しない。
> 6. 自己決定の原則
>   人は自己決定をすることについて生まれながらの能力を持っている存在であり，自主的な行為者として，自己決定を促し，尊重する。
> 7. 秘密保持の原則
>   打ち明けられる利用者の秘密を要する情報は第三者にもらしてはならない。

(1) 個別化を考える

日々の生活の中で，私たちはさまざまな人に支えられ，配慮されて生きていることを，実感せずに「あたりまえ」だと思い過ごしています。援助者である私たち自身が，一人の人間として尊重されている実感をもう一度確認すること，また「個人として尊重されている」と感じるためには，どんな配慮や働きかけが必要なのかを知るための大切なワークです。

バイスティックは，「きめ細かな配慮」「プライバシーへの配慮」「面接時間を守る」など相手の気持ちを受けいれる真摯な態度や，「クライエントを活用する」「柔軟であること」など，状況にあわせてしっかりと相談者と向かい合う姿勢が大切だと指摘しています。基本的なマナーを守ること，援助者の態度は，相談者に対し「一人の個人としてあなたを尊重しています」ということを伝える最も基本的で，最も大切なことなのです。また，属性社会と呼ばれる日本の社会は，いま大きな変化の中にいます。離婚家庭の増加，国籍の多様性など，社会の変化の中で，多様な価値観を認める意識，どんな社会にあっても，子ど

もたち一人ひとりの利益の尊重を常に意識することが求められています。

(2) 意図的な感情表出・受容について

悩みや問題を抱えている人は，多くが不満や怒りや悲しみなど言葉にならないさまざまなネガティブな感情をかかえています。

バイスティックは「クライエントは否定的感情を自由に表現したいというニードをもっていると，きちんと認識すること」を指摘しています。

否定的な感情は言葉にならないことが多くあります。そこには，さまざまな面接技法が必要となります。7原則のひとつである「受容」も大切な技法です。無条件に関心を向け，傾聴する姿勢は，相談者自身が自分の感情と向き合うことにつながります。そして「繰り返し」（相手の感情を繰り返していうこと）や，「支持」（共感すること）などの技法を用いて，相談者が抑圧された感情を言語化することを援助します。

さらに，保育現場では，保護者への説明責任が課せられます。十分に対応したつもりでも，問題が大きくなることや，「あの親は理解のある親だから，この程度のことならわかってくれるだろう」という判断が，保護者の不信や誤解につながることがあります。「問題を理解しようとしたがわりきれない」「理解するまで時間がほしい」など，その問題に向き合った時の保護者の気持ちを気兼ねなく表出できるような関係性，信頼感が育まれるように日頃からの対応が求められることを理解しておきましょう。

(3) 鏡の原則（非審判的態度）

みなさんは，1日1回は必ず鏡（ミラー）を見るでしょう。鏡をみながら，洗った顔をタオルで拭いたり，お化粧をしたり，ひげを剃ったりして，「よし，これなら大丈夫」と思ったら，鏡をみることをやめます。鏡があなたに「大丈夫よ」といってくれたわけではありません。私たちは，自分の価値判断で「大丈夫」と感じ，また「変だな」と思えば修正する，そんな行動を毎日繰り返しています。

しかし，これが心の問題や解決しにくい問題になったときには鏡に映しにくくなります。だからこそ相談援助の技術が必要なのです。面接の技法でミラーリング（反射）といわれる技法があります。クライエントの思いや気持ちを受け入れ反復することをいいます。援助者が鏡となって，相談者が自分の悩みや問題に気づく視点です。

さらに，「鏡の原則」では，鏡が「変だよ」と言葉で指摘しているのではなく，自分の

相談援助 ワーク㉔

個別化・意図的な感情表現・受容の原則

① あなたは，一人のかけがえのない個人として尊重されていると感じていますか？
　また，どうしてそのように感じましたか？

② あなたが悩みを抱えた時，相談しようと思う相手はどんな人でしょうか。
　なぜその相手なのか。具体的に相手の視線，態度，表現など想像してみましょう。

①，②を振り返ってみて感想を書いてみましょう。

判断で「変だな」と思い修正している点が大切なのです。

　バイスティックは「クライエントを一方的に非難しない態度には，ワーカーが内面で考えたり感じたりしていることが反映され，それはクライエントに自然に伝わるものである」と指摘しています。あなたの価値判断を「変だよ。おかしいよ」と非難されたとき，反発したり，抵抗する態度が生まれるのは，その人自身が悩みや問題を理解している態度の表れでもあるのです。

（4）言葉の裏にある思いに応える

　援助者は，相談者の表出する感情を傾聴する中で，その否定的な言葉や行動に対して，「理解できない」と反射的に拒否してしまうことがあります。

　バイスティックは，「ケースワーカーが自分の感情を自覚して吟味する」ことの必要性を指摘しています。

　たとえば，「死にたい」という言葉に，あなたはどんな言葉を返すでしょうか。「死にたい」というショッキングな言葉に私たちは，言葉を失ってしまうことが多くあります。援助者はその言葉の裏にある感情を理解し，その感情に適切に反応することが求められるのです。「死にたい」という言葉の裏にある，相談者の思い（苦しい思い，つらい思い）に返す言葉を考えてみましょう。また，「絶対に会わせないでほしい」という言葉の裏には，祖母の孫に対するどんな気持ちが込められているのでしょうか。

　相談者の感情がどんな意味をもつのかを理解するためには，「人間に共通するニーズを理解し，またストレスにさらされる時に人間が採用する反応や防衛機能のパターンを理解すること」をバイスティックは指摘しています。

（5）自己決定の原則

　障害児施設の保護者会で，重度で寝たきりのお子さん洋子をもつお母さんから「今日は洋子が行きたいというので連れてきました」と伝えられたことがあります。あたりまえのコミュニケーションのように思いますが，そこには，言葉がうまく扱えない障害のある方でも，洋子さんに自分で判断する力があると信じているからこそ出てくる言葉なのです。悩みや問題をかかえた人の相談にのるときも，選択したり，決定したりする力があることを信じる考え方が基本となります。

　バイスティックは「人は，自己決定を行うクライエントが利用することのできる適切な

相談援助 ワーク㉕

非審判的態度・統制された情緒関与の原則

① あなたは毎日，鏡をみますか。鏡をみながらどんな行動をするでしょう。
　その行動は，「だれの」価値によって判断されて行動しているのでしょうか。
　またあなたの価値を「おかしい」と非難されたときどんな思いになるでしょうか。

② 両親が離婚したＡ子。保育園の毎日のお迎えが，母親から父親と祖父母が対応するようになった。祖母のお迎えの日に「母親が来ても絶対に会わせないでほしい」と打ち明けられたとします。あなたはその言葉にどんな思いをもったでしょうか。

③ 「死にたい」という言葉に，あなたはどんな言葉を返すでしょうか。「死にたい」というショッキングな言葉の裏にある，相談者の思い（苦しい思い，つらい思い）に返す言葉を考えてみましょう。

①，②，③を振り返ってみて感想を書いてみましょう。

相談援助 ワーク㉖

保育のよさ・秘密保持を考える

① 生まれながら，重度の身体障害をかかえ，寝たきりで過ごしている方がいます。言葉でのコミュニケーションもできません。あなたはどんな方法でコミュニケーションをとるでしょうか。彼らの意志・判断を尊重する対応ができるでしょうか。

② あなたが保育者になったとき，今までは何の問題にもならなかったのに，秘密保持の原則が守れなくなる行動や活動はありませんか？

③ 「あなたは，『保育のよさ』を考えるとき，以下のどれが一番大切だと思いますか」
　　・園の保育方針や保育内容がよいこと
　　・保育者が専門的知識をもっていること
　　・保育者が相談しやすく信頼できること

①，②，③を振り返ってみて感想を書いてみましょう。

資源を地域社会や彼自身の中に発見して活用するよう援助する責務」を指摘しています。援助者は，相談者の力を信じることを基本としながら，専門家としての知識（社会的な資源や情報など）を提供しながら，一緒に考える姿勢が求められるのです。

(6) 秘密保持の必要性

たとえば，あなたは携帯電話やパソコンなどで自分の紹介をしたり，人とつながったりしていませんか。現代社会では，実際に顔をあわせなくても，他人と社会的関係が結べる時代になりました。しかし，個人的に自由に情報発信することが許されても，保育者や相談員など，デリケートな個人情報を扱う仕事を担う人は，自分の情報発信に，個人情報が含まれていないかを肝に銘じて扱わねばいけません。

バイステックは「秘密保持はクライエントの基本的権利」であり，「秘密を保持する義務はこれらすべての専門家を拘束するものである」と指摘しています。専門職としての信頼を保持するための大切な倫理観なのです。

(7) 信頼関係（ラポール）の形成

バイステックの7原則は，相談者援助の基本であり，そこに「信頼関係（ラポール）の形成」という目的があります。

あるいくつかの幼稚園で実施した調査では，保護者は保育者の専門的知識より，園の教育方針よりも，「保育者が信頼できること」を高く評価すると示されています。相談援助の場面にはさまざまな現場がありますが，特に保育における相談援助は，朝やお帰りの時間の保護者との日常のやりとりの中で起こることも多くあります。

専門的な技術の前に，「いっしょにお子さんを見守りましょう」という，「共にある」という態度は，技術以上に毎日の子どもの育ちに対する悩みや問題に応じる特効薬であることを最後に記しておきたいと思います。

相談援助 ワーク㉗

バイステックの7原則

次の文章で正しい記述のものは○，誤ったものには×を（　）の中に記しなさい。

（　）① お迎えの時間に，間に合わなかった保護者に，保育士が，「どんな事情があっても，お迎えの時間を守って下さい。」と言った時，保護者が激怒して，泣きわめき始めた。これを意図的な感情表出の原則という。

（　）② 保育園に警察官が来て捜査に協力してほしいと依頼してきた。園児が虐待にあっているという通報があり，その園児の日頃の様子や家庭の事情など個人記録を見せてほしいとのことだったが，秘密保持の原則に基づいて，依頼を断った。

（　）③ 子どもは誰でも自分の決定したことを尊重されたいと思っている。それを個別化の原則という。

（　）④ 実習生は，園児の名前と，特徴を一日も早く覚える様指示される。これは，個別化の原則にのっとっているからである。

（　）⑤ ある園児の父はイラン人である。0歳児の女児が登園して廊下に置かれているベビーベットで，おむつを替えて，0歳児室に預けられているのを見て，怒っていた。イランの風習では，考えられないということだったが園では，「郷に入れば郷に従え」だから日本の風習に従ってほしいと説明した。

《回答》

① × 意図的な感情を表出ではない。非審判的態度に反している。保育士が保護者を審判してしまっている。

② ○

③ × 自己決定の原則という。

④ ○

⑤ × 個別化の原則に反している。

4．対人援助に必要な技術

(1) 記　　録

1) 目的と種類

　相談援助の過程を記録することは，専門職が客観的事実に基づいた活動を展開するための非常に重要な技術として位置づけられます。その理由は，相談援助の質を保証するためであり，① 情報共有，② 実践を振り返り検討するための資料，③ 社会的責任の明確化，④ 調査研究の資料，⑤ 法的な証拠資料，として活用することを目的としています。

　記録は，それぞれの単独の目的，あるいは複数の目的に応じて行われますが，大きく分けて，ケース記録，報告書，通信文等があります。ケース記録は，クライエントの援助にかかわる情報として概況，事前評価内容，援助計画，経過記録，事後評価，援助終結結果等が記されたものです。報告書には，事業所における業務上の管理日誌や紹介状等が含まれます。形式が決まったものもありますが，そうでない記録の場合は内容に応じてよりわかりやすい方法で整理しておくことが大切です。

2) 記録の文体

　記録の文体は，叙述体，要約体，説明体に分類されます。

① 叙述体（narrative style）

　叙述体は，最も基本的な記録の方法で，事実内容を時間の経過に従って記述する文体のことをいいます。援助の過程における事実内容を正確に記録し，第三者に伝達することが主たる目的です。この叙述体には内容全体を短く要点のみをまとめる圧縮叙述体と，時間の流れに沿って詳しく記述する過程叙述体があります。事実内容には，客観的事実と主観的事実があります。客観的事実とは，住んでいる場所，同居家族，クライエントの動作など事実そのものを指します。また，主観的事実とは，クライエントが苦痛に感じていることや気分が良いといった自身が感じていることや自覚していることをいいます。

　録音テープやビデオに収録した実際の援助場面の言葉をありのままに書き写したものは逐語体とよばれます。圧縮叙述体と過程叙述体，逐語体の例を示しておきましょう。

例1．ケース記録における概況の記録…圧縮叙述体
　平成20年，F家3女として誕生。出産時帝王切開分べん。3600g。生後6ヶ月健診にて，首が座わっていないことから，MRではないかといわれる。母親は，多くの医療機関を訪れ，診察をするが，治療対象ではないといわれ本療育相談所に来所。
　現在まで，親子療育の中で，3女の障害を受け入れつつある。
　3女の今後についての相談をうけることが多い。

例2．ケース記録における経過記録…過程叙述体
　本日午後の午睡時3歳児クラスの部屋に，かなぶんが一匹入ってきた。まだねていなかったS子がその虫をみつけて，ひろおうとしたので，保育士がS子より先にひろおうとしたが，M子の布団につまずいてしまい，M子の上に倒れないように横に倒れた際大きな音をたててしまった。その音で半数以上の子どもが午睡から目覚めてしまったが，A保育士とB保育士の静かな語りかけと，午睡への誘導でその後約40分ほどの間，3歳児は，眠ることができた。

例3．ケース記録における経過記録…逐語体を用いた過程叙述体
母　　：なぜこんな事故に遭ってしまったのか説明していただけますか。
保育士：夕方のお迎えの時間に，園庭で遊んでいたところ，三輪車に乗って遊んでいたK君とぶつかって。でもK君の方がひっくり返ってしまったんです。
母　　：そうですか。K君はどうですか。
保育士：K君は，ころんだとき園庭の砂が目に入ったらしく右目が赤くなり，眼科で処置してもらっています。
母　　：よかった。Y子がK君に砂をぶつけたのかと思ってました。

② 要約体（summary style）

　要約体とは，内容の要点を整理してまとめた文体をいい，全体像や要点を把握するのに有効です。援助過程全体を順を追って「まとめる」形をとりますが，それは単に全体を「圧縮」したのではなく，ポイントを集約したものでなければなりません。連続した出来事を記録するときに，その出来事に潜んでいる意味を見出して，その出来事との関連を記録するときに多用されます。

　さらに，要約体には項目体，抽出体，箇条体があります。項目体は，援助過程を順序よく記述するのではなく，客観的事実を主題ごとにまとめ，それを表題，項目あるいは見出しなどをつけて整理し記述する文体をいいます。援助の過程が長期にわたる場合，かかわりの成果や効果を確認しにくくなることがあります。しかし，利用者の生活状況には微妙な変化が起きている場合があります。このような変化や動きについて，ある状況またはある時点を抽出して記述する文体を抽出体といいます。箇条体とは，援助過程や内容の重要な部分を箇条書きにし，それを組み合わせて仮説をたてるときなどに用いる文体のことをいいます。

例1. ケース記録における生活史の要約…項目体
・出生から小学校入学まで（0～6歳）
　　　K市の農家に，3番目の次男として出生。兄は16歳，姉は12歳年齢が離れていた。出生当時は，祖父母と同居7人家族であったが，祖父母と父母は田畑で働き，学校から帰った姉が主に，子守りをしていた。その姉もCが小学校入学前に，T県に働きに出た。兄は，家から仕事場に通っていたがやはり，Cの入学前に町でひとり暮らしするようになった。
・小学校入学から父の死まで（6歳～15歳）
　　　小学校はK市養護学校へ1時間かけて，バスで通った。
　　　車椅子での生活は，バスの送迎がないとできないのでさらに遠い高等部へは，行かないことにした。15歳の中学校卒業間近に，父が63歳で死亡。祖父母も介護が必要な状態となり，隣県の特別養護老人ホームへ入所となり，母と2人暮らしとなった。
・父の死からホーム入所まで（15歳～18歳）
　　　父の死から3年間は母と2人の生活であったが，母も，Cの介護と農業それに祖父母の特別養護老人ホームへの見舞いなどで体力的に限界が来ていたので，K市に新設された身障者の施設へ入所を申し込み，現ホームへの入所が決まった。
・ホーム入所から現在まで（18歳～25歳）
　　　ホームへの入所当時は，家を離れて一人で暮らしたことのないCにとって孤独で寂しい日々であったが時折，姉が訪問してくれることが楽しみであった。
　　　現在では大分慣れて，自分のものの洗たく，乾燥と，自室の片付けなどは自分でできるようになった。
　　　グループホームでのひとり暮らしを希望している。

③ 説明体（interpretation style）

　説明体は，出来事に対して事実を記録するだけではなく，その事実に対する援助者の解釈や分析，考察結果を説明するために記述する文体のことをいいます。説明体の文体では，事実の出来事を書き手はどのように解釈し分析しているかを，読み手は瞬時につかむことができます。

例1. ケース記録における事後評価…説明体
　Aさんは，入所直後から不適応行動を起こしていた。しかし，スタッフはその背後にあるAさんの心理的要因や生活歴には目を向けず，目前にある，問題と考えられる行動をなくすことにのみ対処していた傾向がある。
　その結果，好意的な関心を向けられていないという感情が強まり，Aさんのストレスはますます高まり，大きな声を上げたり，物をたたく等精神的に不安定な状態がより増長したと考えられる。

　以上のように，事実の出来事を記録する文体として「叙述体」と「要約体」があり，事実の出来事の意味の解釈，分析を記録する文体として「説明体」があります。対人援助職は，それぞれの文体を必要に応じて適宜使い分け，効果的な記録を残すことが求められます。

3) マッピング

記録は文章表現によるものだけでなく，図を用いて表すマッピングという方法もあります。マッピングを用いると，利用者をとりまく環境や人間関係を視覚的に把握することが可能となり，焦点化された問題状況に対してその状況の改善のきっかけをみいだすことができます。代表的なものとしてジェノグラムとエコマップをあげることができます。

① ジェノグラム

ジェノグラムとは世代関係図あるいは家族関係図とよばれています。家族との面接等で収集されるさまざまな情報が一枚の紙面に視覚化され整理されるものです。家族の誕生や結婚，離婚，病気，事故，別居，同居，死亡などの出来事についての理解や，家族の歴史やライフサイクル上にみられる問題行動の連鎖パターンを探りだし，援助の目標をきめていく手がかりをつかむことができます。また，家族がどのようにして現在の状況に至ったのかを理解したりすることにも効を奏します。ジェノグラムは，面接後に援助者が作成する場合や，面接中に利用者にも参加してもらいながら作成していく場合があります（ジェノグラムは，第4章で演習しました）。

② エコマップ

エコマップは，生態地図あるいは社会関係地図と称され，利用者や利用者をめぐる人びとや組織の関係の全体像を示した図です。1975年にハルトマン（Amn Hartman）が考案しました。問題をかかえる人々の周囲にある潜在的，顕在的な社会や支援機関との関係を適切に診断し，支援活動を組み立てる際に重要な役割を果たします。

(2) 評　価

専門職が行う相談援助において評価が大切となる理由は，「利用者に対する責任」（アカウンタビリティ）にあります。利用者に対する責任とは，援助が有効であったのかどうかを確かめることです。確かめることは利用者に対する責任のひとつといえます。また，どのように援助を行うと効果的なのかについて，援助者自身が一つひとつ実践を積みあげて明らかにしていくことが「技術向上への責任」ということになるでしょう。

では，評価するためには何をどうしなければならないのでしょうか。社会福祉の実践現場において客観的な評価を行うために実施される調査方法として，シングル・システム・

相談援助　ワーク㉘

記録・記述の練習

次の文章を，適切な表現でわかりやすい文章に書きかえましょう。

① 私がコピーをすると，Aさんにとりにきたのでわたしはちらかしてしまってまとまらなかった。

② 遅刻した理由は，今日は髪型が決まらなくてシャンプーをし直していたらいつも乗るバスにのりおくれてしまった。髪形をととのえることができるのだろうか。先生教えてください。

③ いつもあわてんぼうのN子ちゃんは今日もおひるごはんを食べちらかして，S先生にしかられていたから，あしたは，良い子でいてほしい。

相談援助　ワーク㉙

エコマップ

　次の事例を読んでAさんを取り巻く社会資源や人間関係を図式化しなさい。
《事例》Aさんは35歳，シングルマザーである。今年5歳のY君は脳性まひにより，言語や動作に障害がある。生後すぐには，家から2駅離れたところのS乳児院で育った。3歳になった4月から，自宅に引きとり，現在のK保育園に通うようになった。K保育園はAさんの家から駅に行く途中にあり，送り迎えに便利であるが，Aさんは大手商社に勤め，海外の長期出張もたびたびある。そういう時は以前お世話になったS乳児院の隣にある児童養護施設Rでショートステイを利用している。
　Aさんの夫はY君が生まれてすぐに亡くなっているが，夫の両親をはじめ，姉家族はみんな，アメリカで生活しており，年に1回くらい日本に帰ってくるときに会っている。
　ご近所には，保育園のお迎えをしてもらっている68歳のAさんの母とそのお友達のTさん，Jさんが何かと面倒を見てくれている。
　Y君は小さいころより病弱で，小児科医院と耳鼻科外来には毎月通っている。現在，週1回，療育相談に通っているが，小児科医の主治医から紹介された。Aさんが療育相談にY君を連れていけないときにはAさんの母が代わって連れて行くことがある。
　保健所のI保健師，保育園のM園長をはじめO主任などがいつもこまめにY君のことで連絡し合っている。

【関係図】

デザインともいわれる単一事例実験計画法（single subject research design ; single case experimental design）があります。これは，基本的には一つのシステム（個人，家族，小集団，組織，地域など）を調査の対象とした調査方法です。援助開始前に分析対象となる行動や意識を一定期間継続的に測定し，援助終結まで分析対象となる行動や意識の測定を継続的に行います。そして，援助開始前と援助開始後で，分析対象となる行動や意識がどの程度変化したかを比較し援助効果を評価します。

シングル・システム・デザインには，いくつかの種類がありますが，相談援助実践で使われているのは主に，ABデザイン（図6-1）とBデザイン（図6-2）です。ABデザインのAは，援助前の状態，Bは，援助後の状態を意味します。たとえば，援助者が落ち着きのないFくんと30分間の面接の間，Fくんが立ち上がる回数を数えておきグラフにします。グラフでは1回目から5回目の面接で，それぞれ18回，18回，19回，16回，19回，立ち上がってしまっていることを記入します。これがAの援助前の状態です。この援助前の状態はベースラインといいます。6回目の面接からFくんに特別の援助をします。たとえば，援助者がFくんの前に座るのではなく，横に座って会話をします。その際の立ち上がった回数は，5回，7回，4回，3回と減っていることがわかります。これがBの援助後の状態です。図6-1をみると，援助者が横に座ったことで，Fくんの立ち上がる行動を抑えたことがわかります。シングル・システム・デザインの特徴は，このようなデータのグラフィックな表示にあります。しかし，危険な状態やクライエントの尊厳のためにすぐに介入しなければならない時にはABデザインは不向きといえるでしょう。なぜなら，ABデザインは介入しない状況を観察し評価する必要があるため，危険な状態を放置することにもなりかねないからです。そのような場合は回想してベースラインをとるということもします。あるいは，ベースラインをとらず，介入した状況から記入するBデザイン（図6-2）があります。これはベースラインをとるまで待っていられないケースへの介入の評価に使われます。

シングル・システム・デザインには他にABABデザイン，BABデザイン，BCBCデザインなど数多くの種類があります。いずれにしても，適切な評価には，援助目標，介入方法，評価の対象，評価のための指標（評価基準，尺度の設定）が明確であることが求められます。また，シングル・システム・デザインという評価手法を活用しても，本当に援助の効果があったのかどうか，あるいは，援助のプロセスはうまくいっているのかどうかについて，おおよその見当をつけることができるのみだということを理解していることも大

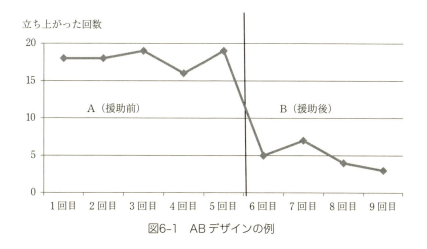

図6-1　ABデザインの例

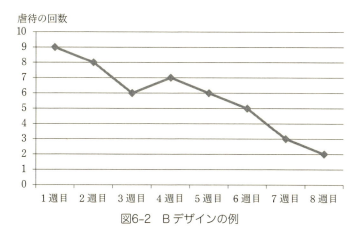

図6-2　Bデザインの例

切です。

(3) 面接技法

1) 面接の種類

面接とは，通常，目的意識があり問題意識をもって対話することをいい，面接を媒体とした対人援助の専門家には，臨床心理士，カウンセラー，ソーシャルワーカー，医師等をあげることができます。さらに，介護職や看護職，教師，保育士等も，個々の専門分野によるアプローチには違いはあっても，クライエントの自己実現を側面から援助することを目的に意図的な会話を展開しており，面接を媒体とする対人援助職であるといえます。

では，この対人援助職が用いる面接にはどのような機能があるのでしょうか。面接には大きく分けて，治療面接と処遇面接があります。治療面接は，問題行動や病理の原因をつ

相談援助　ワーク㉚

評価の技法

　ここでは，援助介入の入る前と入る後のちがいを評価してみようと思います。
　目に見える形で数えたり計ったりすることができないものの変化を数字で表現するために，評定尺度のスケールを作成して援助に役立てることがあります。

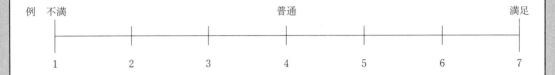

　ここでの演習は，これまでの評価の技法を踏まえて個別スケールの作成と，そのグラフ化を行います。まず次の事例を読んでみます。

発達障害児を持つ母親さち子さんの事例
　さち子さん32歳，女性。M保育園に通う保夫君5歳は，4歳の時広汎性発達障害と診断を受け，週1回，療育相談へ母子で通っています。診断を受けてすぐの頃，さち子さんは非常に落ちこみました。
　最近は，療育相談のスタッフのおかげで，明るく，物事をとらえる様になりましたがまだまだ気分の浮き沈みがあります。そんな中，保夫君と同じ広汎性発達障害の子をもつ親の会のグループミーティングに紹介され週1回ずつ参加することにしました。

〔演習1〕
　さてさち子さんの「気持ちの浮き沈み度」に関する個別スケールを使って，各週のさち子さんの発言を参考にして，「気持ちの浮き沈み度」を推定し，親の会のグループミーティングに入る前（A）と入った後（B）の変化をグラフを示してください。なおスケールの1の側4の側，7の側に適当な言葉を入れてください。

スケール：気持ちの浮き沈み度

さち子さんは、「今の生活に対する気持ちはどうですか」という質問に対して、次のように回答しました。

1週目　毎日が暗く何を食べてるのか味もない程です。
2週目　この子をつれて死のうと考えるようなこともありました。
3週目　将来どうなるんだろう。周囲に理解してくれる人がいるならやっていけるだろうけど。
4週目　どうして保夫が、と思いつめました。
5週目　こうなったのは親の私のせいかもしれません。

親の会のグループミーティングへ参加開始
6週目　気持ちが少し軽くなった様な気がします。
7週目　いろいろな親子があるんだなって今日のミーティングで感じました。
　　　　今日、保夫が小さな花が咲いているのを見つけて笑ったんです。うれしいですね。
8週目　毎回ミーティングのあとは、気持ちが軽くなるんですが、保夫が小学校に入ったら小学校がフォローしてくれるのかとか、将来就職出来るのかと思うと落ち込むのです。
9週目　保夫は保夫なりに生きる力をもっているんですね。子離れしなかったのは私の方なんだと気づきました。
10週目　私は、ここ10年映画を見に行ったことないんですが、先日、ロードショーを見に行きました。
　　　　青春にもどれたような気がしました。
　　　　こんなハレバレとした気持ちになるなんて想像もしていませんでした。

グラフ：

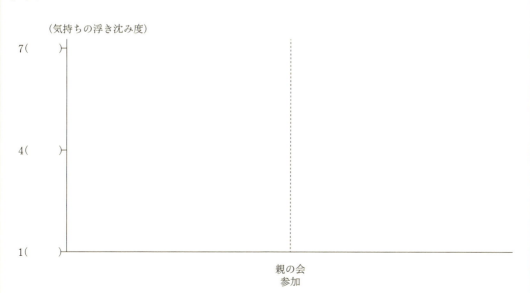

最後に，さち子さんの事例で評価スケールを作成した結果を考察し，グループミーティングに参加した評価をしましょう。

評価のワーク（演習）を行って感じたことを記述しましょう。

きとめ，その原因を治療しようとするもので，深層心理の次元での解釈が必要な臨床性の強いアプローチと考えられています。一方，処遇面接は，福祉相談のみならず，教育相談，医療相談，法律相談等をいい，人と環境とのかかわりの中でおこる不適応を対象とし，サービスや制度などの社会資源の利用を支援することを含めクライエントとその環境に意図的に働きかける専門的技術です。

　面接を構造的にとらえた場合は，「構造的面接」と「構造化されていない面接」に分けられます。社会福祉分野で面接を行う機関としては，福祉事務所や児童相談所，入所型の生活施設，医療機関の医療相談室，地域包括支援センター等があります。このような機関において，従来，行われてきた面接室を利用した対面的な50分程度の面接を「構造的面接」といいます。これに対して，「構造化されていない面接」は面接構造がゆるやかであるかあいまいな面接といえます。治療的な「構造化されていない面接」には，米国の精神分析家であるレドル（Fritz Redl）によって1950年代に考案された生活場面面接があげられます。これは，施設で生活している自我障害のある児童に対して，日常生活での具体的な事件を治療的に利用したり，その場面に対してまず情緒的に支援したりするといった面接を児童の援助にいかそうとしたものです。処遇面接でも同様の場面が考えられます。典型的には施設内における立ち話や他のことを行いながらの会話であっても，援助者側の目的と意図が明確である場合には面接のカテゴリーに含めるという考え方があり，処遇面接における「構造化されていない面接」として位置づけることができます。

2）面接段階と技法

　面接は，専門的なコミュニケーション技法と援助目標を達成するための面接段階があります。表6-1に面接を展開していく段階と，各段階でクライエントとどのような関係を構築し，どのようなことを行動目標とするのかについて示します。関係目標をみると，すべての段階において，信頼関係の構築あるいは維持することがあげられていることがわかります。この目標を達成しつつ面接をすすめていくためには，傾聴，共感，受容を表現するためのコミュニケーション技法を用います。クライエントの問題を探るためには，「効果的な質問」の技法も必要になるでしょう。問題の定義化の段階では，クライエントの感情や考えを整理しニーズの明確化をはかるため「要約」や「感情の反映」といったコミュニケーション技法を駆使します。あるいは「明確化」の技法も必要になるでしょう。選択肢の段階では「コーチング」技法を用いて自己決定を促そうとすることもあるでしょう。相

談援助は，このような面接の段階における関係目標と行動目標を認識し，そのために必要なコミュニケーション技法を用いて展開していきます。

面接の段階で用いる主なコミュニケーション技法を以下に説明します。

① かかわり技法

　援助者がクライエントに傾聴の姿勢で相対して視線を合わせ，クライエントが聞き取りやすいように自分の声の調子に気を配り，クライエントの話に半歩後ろからついていく心持ちで応答します。この技法が適切に用いられると，援助者はクライエントにとって話しやすい相手，話をしっかり聞いてくれる相手，魅力的な話し相手として非言語的なレベルで認知されやすくなります。

② 要約

　クライエントの発言の内容の重要な部分をクライエントの言葉を用いて整理し，まとめて伝え返す技法です。この技法には，話しながらまとまりを失いがちとなるクライエントの頭の中を整理することを手助けするとともに，援助者の理解に歪みがないかどうか確認する一助にもなります。

③ 感情の反映

　クライエントの発言に込められている気持ちや感情を汲み取って，クライエントに返していく技法です。クライエントの感情をしっくりくる表現で伝え返すには，援助者は，感情を表す語彙を多く持っていることが大切です。

④ 焦点のあて方

　基本的かかわり技法を活用しながら，援助者がクライエントの話題を変えず，話に

表6-1　面接段階

面接の段階	関係目標	行動目標
1. 展開	これから一緒に問題を解決していこうとする基本的な信頼関係をつくる。	クライエントの問題を探る。
2. 問題の定義化	より焦点づけられた促進的な関係をクライエントとの間にとり結ぶ。	特定の問題は何かと定義についてクライエントと合意に達する。
3. 選択肢	促進的な関係を維持する。	次にどのような行動が必要かを決める。どの問題から先に考えるかについて合意する。
4. 面接の終わり	次回の面接に向けてのよい信頼関係を維持する。	次回面接の目標を確認しつつ面接を終える。

出典）D. エバンス，M. ハーン，M. ウルマン，A. アイビー著，杉本照子監訳，援助技術研究会訳『面接のプログラム学習』相川書房，1990年，p. 157

ついていく技法で，クライエントの会話を導いていくものです。

⑤ 質問技法

　「はい」「いいえ」で答えられる，あるいは「～しますか？」「～ですか？」などで始める「閉ざされた質問」と，1語2語では答えらない質問，例えば「どのように～？」で始める「開かれた質問」があります。援助者は，クライエントのより自由な発言を引き出しやすく，クライエントが主体的に話をする形で展開される「開かれた質問」を多く用いることが大切です。

⑥ 明確化

　「それで」といった短い単語や，うなずくジェスチャーによってクライエントが話を続けるのを助ける「励まし」があります。言い換えれば，援助者がクライエントの用いた1語または2語，大事な語句，話した文章の最後の数語等を再び繰り返すことです。クライエントは，援助者から自分が用いた通りの言葉が返ってくることで，援助者が自分の話をありのままに正確に聞いてくれていると感じ，信頼感や安心感を抱き始めます。また，自分の話が援助者によって反復されることで，自分のいいたいことを改めて確かめることができ，明確なものにしていくことができます。ただし，この技法はコミュニケーションの妨げとなる場合もあるので，あまり頻繁に用いないことが大切です。

5．傾聴・共感

（1）良い聴き手になるために―傾聴のスキル―

人の話を聞くときの一般的なパターンは次のようなものです。

① 人の話に興味がなければ，大抵は聞いていません。
② 一応相手を意識して，頷いて，聞いているふりをします。
③ 自分の関心のあるところは，ところどころ聞いています。
④ 話の腰を折るきき方をします。
⑤ 自分の想像の世界で聞いています。

　傾聴（ACTIVE LISTENING）とは

「聞く」（HEAR）はただ漫然と聞いていることをいいます。「聴く」（LISTEN）は一生懸命，注意深く耳を傾けて聴くことをいいます。

良好な人間関係の基本として，傾聴は大切です。傾聴は良好な人間関係や信頼関係（RAPPORT）を作る基本といわれます。そのためには自分の五感をフルに使い，思いやりと温かい心で相手の話を一生懸命聴くことが大事です。いわば，相手との特別な意味合いを持たせたコミュニケーション技法です。「聴きたい」という態度と心が，話し相手に伝わって初めて傾聴が成り立ちます。

　傾聴の基本姿勢について，次の3点があげられます。

① 相手の伝えたいことを聴く
　「こちらの聞きたいこと」ではなく「相手の言いたいこと」
　「伝えたいと願っていること」をありのままに聴く。
　　○相手の話に関心を示し，自我関与度を深める
② 言葉だけを聞くのではなく，気持ちを聴く
　　○相手の感情を明確にする
　「それでさみしさを感じたんですね」「楽しかったね」
③ 情緒的一体感を持つ
　　○相手の存在自体をとても大切なこととプラスに受け止める

傾聴の意義として，次の3点があげられます。
① 聴くことは，心の援助ということ
　話を聴くことによって，相手の心を癒し，孤独感や不安が軽減し，安心感へとつながります。それは，心の健康をとりもどすことが出来るということです。また，「自分は存在価値がある」という，自己肯定感につながり，生きる元気を生み出すことにもなるのです。
② 問題を解決する能力を引き出します。
　気持ちが落ち着き，考えが整理され，カタルシス効果によってプラス思考になることをたすけます。
③ 自己成長を促すともいわれます。

傾聴の技法には，次のようなものがあります。
① 話を励ます，相槌
② 反復（相手の話をそのまま繰り返す）
③ 再陳述・明確化（聴き手の言葉で言い換えて，相手の気持ちを確認する）
④ 要約（言葉で確認する。「それってこういうことですか？」）
⑤ 確認（相手の感情や気持ちが正確に伝わっているか確認）
　また大切なのは，聴き方に3つのレベルがあるということです。おのおののレベルで聴いたということを伝えることも必要です。

《聴くときのレベル》
① 事柄のレベルで聴くとは，話の客観的内容を聴くことです。たとえば「イチゴを500円で買ったのね」
② 感情のレベルで聴くとは，気持ちを拾うということですが，たとえば「その時悲しかったのね」
③ 身体のレベルで聴くとは，身体の状況，動作，非言語的メッセージをくみ取る。「つらそうだけど，足の痛みがあるのかしら」

相談援助 ワーク㉛

傾聴の練習

① 皆さんで知り合いになりましょう。

【方法】この教室の中を自由に移動しながら，なるべく多くの人と握手しながら，簡単な自己紹介をします。何人の人と握手したでしょうか。自由に歩ける時間は3分間です。

② 誕生日順に輪に並びます。

【方法】沈黙したまま，身振り手振りのジェスチャーで誕生日順に並びます。1月の早い日の生まれの人が前方にたちます。時計回りに順番に並んで12月の遅い日の生まれた方が，一番最初の人の隣にたつことになります。

③ 他己紹介

【方法】誕生日順に並んだ隣の人と2人一組になります。
　　　 2分間の内に，自己紹介しあいます。ペアになった相手の紹介を皆さんにします。

④ ロールプレイ：聴き手と話し手・2人一組で行います。

【方法】聴き手を決めます。話し手は『今日の出来事』を話します。
　　　 聴き手は「うなづき」「相づち（へー，ほー）」だけで聴き続けてください。
　　　 時間が来ましたら，お知らせします。聴き手と話し手が交代して同じように聴き続けてください。
　　　 終了の時間をお知らせしますので，その後にはお互いの感想を伝え合います。

⑤ ロールプレイ：反復・ミラーリング

【方法】聴き手と話し手を決めます。話し手は『最近1年間の出来事』を話します。
　　　 聴き手は「うなづき」「相づち」のほかに「反復（相手の話をそのまま繰り返す）」または「ミラーリング（鏡になる）」の技法で聴いてください。
　　　 時間が来ましたら，合図しますので，聴き手と話し手が交代して，同じように傾聴してください。
　　　 終わりの時間が知らされましたら，お互いに感想を伝え合いましょう。

⑥ ロールプレイ：再陳述・明確化

【方法】『一生の中の出来事で特に思い出に残っていること』について話します。

聴き手は再陳述・明確化（聴き手の言葉で言い換えて，相手の気持ちを確認してください）を行ってください。

次の技法も練習します。

- ○要約（言葉で確認する「それってこういうことですか？」）
- ○確認（相手の感情や気持ちが正確に伝わっているか確認する。「そういうときどのようか気持ちでしたか？」「あなたは，悲しい時に怒ったような言い方になるのね」）

⑦ ロールプレイ：3人一組になります。

【方法】聴き手・話し手・観察者を決めます。

聴き手は，①〜⑥の技法を使って傾聴します。

話し手はテーマに沿って話します。テーマは後程お伝えします。

観察者は，聴き手・話し手の両方を観察して，最後に観察したことを伝えます。プラスのストローク（良いところを誉める）を与えてください。

振り返り：気づいたことを記しましょう。

（2）共感のスキル学習

　共感的理解とは，他者の心情などをわが身のことのように感じることです。また他者を共感的に理解しようと姿勢は，対人援助の基本です。それは，極めて重要な援助姿勢でもあります。一方，共感も理解もあくまでも援助者自身の経験や知識というフィルターを通して得られるものですから，「人は他者の全てをわかることはありえない」という視点を持つことも重要です。

　対人援助の基本技術としてコミュニケーション技術と，自己覚知があげられますが，コミュニケーションとは言語あるいは，非言語（記号・身振り）などにより，「互いの意思や感情・知識を伝達する過程」また，「一定の意味・内容を生活主体から他の生活主体に伝え共有化（意思の疎通）する過程」であるといえます。また，対人援助専門家は，自己の欠点や固有の価値観，生まれ育った長い年月の間に所属した集団の価値基準など，深い次元での自己理解が必要です。自己の持つ諸々の規範に深い洞察が届かず，利用者を無意識のうちに差別したり，あるがままの姿を受け入れることができないときは，専門的援助関係を形成していくことが難しくなります。対人援助専門職は，深い次元での自己理解・自己受容・自己覚知をして，援助する必要があります。

　クライエントに対しては，共感的に理解することが求められています。ヘップワースは，共感には5つの段階があり，クライエントはどの段階の共感を得ているか感じることで，自己洞察をうながされます。

ヘップワースの共感の段階

第1段階：クライエントの感情には無理解
第2段階：表面上表現されたことには反応するが，問題に関するクライエントの感情や，知覚には反応しない。
第3段階：クライエントの表面上の感情を理解していることを伝えるがそれ以外には触れない。
　　　　（ソーシャルワークではこれで十分な場合がたくさんある。）
第4段階：クライエントの微妙なあるいは表面下の感情を理解し，それを伝える。〈クライエントの自己認識向上のため〉
　　　　（心理力動的な考え方：あなたはこういうことを口には出さないけど感じているのかも）
第5段階：クライエントとの表面上と表面下の感情や考えを考慮し（繋げる・解釈も入れる），それに対応する。（感情の解釈など）〈SWが精神療法するとき〉
　　　　（本当は，あなたは悲しい時怒ってしまうのかもしれませんね）

感情には，表面上の感情と表面下の感情があります。とくに重要なのは表面下の感情を理解していることが大切です。

表面下の感情の内容としては，以下の4つがあげられます。

① 感情，思考，行動の表面下にある意味（クライエントが意識していない）
② クライエントが欲していること，達成しようとしていること
③ 行動の隠された意図（どうしてそういうことをしようとしたか，時として重要）
④ 実現されていない可能性や強さ。それはクライエントの持つ強さでもあります。その可能性や強さをソーシャルワーカーが見出したとき，共感深まります。

ワーク㉜は表面化の感情に気付く演習です。やってみましょう。

6．相手の枠組みで聞く（演習）

相手の枠組みで聞くとは，相手（クライエント）の視点（枠組み）から物事を見ていくということですが，それは必ずしも容易なことではありません。なぜなら，私たちは一般に他者の問題を自分の視点（枠組み）から見ることに慣れすぎてしまっているからです。

たとえば，私たちは困って悩みをかかえたとき，おそらくいろんな人から助言をしてもらうことでしょう。しかし，そのしてもらった助言の大半は，聞いていても実は聞いていないことが意外と多いのではないでしょうか。それはその助言が私たち自身の枠組みを無視したものだからといえます。例をあげてみましょう。

A：机の上に，本がたくさん積んであって片づかないのよ。イライラするわ。
B：読まない本は，さっさと図書館に返せばいいのさ。きっと読まないだろう。
A：うーん。
B：図書館に一緒に返しに行ってあげようか？
A：え〜っ!!
B：遠慮しなくてもいいよ。夏休みだから，いつでも行けるよ。
A：もう，いいって！　ほっといてよ！
B：そんな言い方しなくてもいいだろう！　親切で言っているのに。

Aさんは片づかないのが悩みなのですが，そこには，他の用事があって読みたい本も読めない，忙しくて時間がない，本当に必要な本とそうでない本の整理ができないといっ

相談援助 ワーク㉜

表面下の感情に気付く

　次の場面で,「クライエントの表面上の反応」と「クライエントの表面下の感情」と「クライエントの気持ちが理解出来ることを表現する言語あるいは非言語（記号，身振り）を記述しなさい。

例）生活態度を注意された，失業中の男性
　　「うるさい!!　おまえは私に，ああしろ，こうしろという権利があるのか！」
① クライエントの表面上の反応：激怒
② クライエントの表面下の感情：絶望，自信喪失，つらい，やるせない
③ クライエントの気持ちが理解出来ることを表現する言語あるいは非言語：
　　「あなたは，　　　　　　　　　　　　　　　　　　　　　　　　　　　」

1）担任の処置に不満な保護者
　　「なんでうちの子に…。うちの子がそんなことするはずがない。県に訴えてやる!!」
① クライエントの表面上の反応：（　　　　　　　　　　　　　　　　　　　）
② クライエントの表面下の反応：（　　　　　　　　　　　　　　　　　　　）
③ クライエントの気持ちが理解できることを表現する言語あるいは非言語：
　　「　　　　　　　　　　　　　　　　　　　　　　　　　　　　　　　　」

2）高齢の女性
　　「子ども達はいつでも一緒に住もうと言ってくれるんです。うれしいんですけれど…。」
① クライエントの表面上の反応：（　　　　　　　　　　　　　　　　　　　）
② クライエントの表面下の反応：（　　　　　　　　　　　　　　　　　　　）
③ クライエントの気持ちが理解できることを表現する言語あるいは非言語：
　　「　　　　　　　　　　　　　　　　　　　　　　　　　　　　　　　　」

た，さまざまな問題があり，その組み合わせからひとつの枠組みがつくられ「片づかない」という発言につながっています。ところが，Ｂさんは「片づかない」なら「一度，図書館に返してしまったら」という自分の枠組をＡさんに一方的に押しつけています。したがって「図書館に返しにいく」というアドバイスはＡさんの心を動かしません。ＢさんがＡさんを助けたいと思うなら，まず傾聴を行い，Ａさんの枠組を理解し，相手の枠組を反映した応答を行うことが大切といえます。たとえば次のようにです。

　Ａ：机の上に，本がたくさん積んであって片づかないのよ。イライラするわ。
　Ｂ：机の上が整理できずに，気が立っているんだね。
　Ａ：そうなのよ。時間がなくて読みたい本も読めない。
　Ｂ：いろいろ忙しいよね。
　Ａ：そうなのよ。一度，整理して読みそうにない本は図書館に返そうかな。

　ＢさんはＡさんの枠組みを反映した応答をすることで，Ａさんの「片づかない」問題の本質は，読みたい本も読めないぐらい忙しいということ，それをわかってほしいということでした。相手の枠組に沿って考えることによって，相手が自分自身の問題をより深くみつめ，自分自身で解決方法を選択し決定していくことを助けることができるというわけです。
　「共感的な態度を示す」には，相手の世界に入り，言葉や声，身体に表現された，あるいは隠された意味を読みとり，その読みとった意味を伝え返します。この共感を伝える技法は，相手を人間として受容することを前提としています。この受容は，相手がいうことに同意するということではありません。いわれていることを，相手の枠組みのなかで理解し認めるということです。これが，「相手の枠組みで聞く」ということです。
　それでは，ワーク㉝の演習をしましょう。

相談援助　ワーク㉝

相手の枠組みで聞く

　あなた自身，自分の枠組みを十分に尊重されないで，自分のものではない枠組みで答えられてしまったために，相手に自分の気持ちや考えを伝えられなかった体験があると思います。それをいくつか書きだしてみてください。そのあと，グループになって話し合います。

　　　

　以下の応答のうち，相手の枠組みに立ったものに○を，自分の枠組みに立ったものに×をそれぞれ［　］の中に記入してください。

1. 夫婦の会話
夫：子どもたちのことが心配だよ。毎晩，帰りが遅いみたいだし。だんだん，子どもたちのことがわからなくなってきたよ。
妻A：だったら，子どもたちにもっと声をかけてあげてよ。［　］
妻B：帰りが遅いので心配なのね。だんだん自分から離れていく感じがしているんでしょ。［　］
妻C：あなたはいい父親なんだから，心配しないでいいわよ。［　］

2. 恋人同士の会話
女：あなたのお母さん，すてきな方ね。私も，あんなふうに若々しい感じでいたいな。
男A：母さんも君のこと気に入ってたよ。［　］
男B：今日はいつもより機嫌がよかったみたいだったよ。［　］
男C：母さんを好きになってくれたんだね。それに若々しいと思ったんだね。［　］

3. 母子の会話
子：（泣きながら）Aちゃんはいじわるなんだよ。ぼく，あんな子，だいきらいだ！
母A：ケガはしなかったの？　かわいそうに。［　］
母B：男の子は，泣いちゃだめでしょ。［　］
母C：Aちゃんにいじわるされたと思って，悲しかったのね。［　］

4. 学生と教員の会話
学生：勉強って大変ですね。ほとんど遊ぶ時間もないので，落ち込んでしまいますよ。
教員A：勉強が大変だし，遊ぶ時間もないので，気分が滅入ってきているんだね。［　］
教員B：頑張って勉強すると，きっといい成果がでるよ。［　］
教員C：僕も学生時代は勉強ばかりだったよ。［　］

5. 友達同士の会話
友達：こんど，いっしょに飲みにいこうよ。最近，レポート続きでさ，パァーッと騒ぎたいんだよ。みんな集まると思うよ。
A：そうかなぁ。［　］
B：勉強が続いているから，みんな飲んで騒ぎたいだろうと思っているんだね。［　］
C：いいなぁ，今晩あたりどう？［　］

6. ワーカーとクライエント
C：夫との距離がだんだん大きくなっている感じがします。これから，子どもたちのことが心配になってきました。
WA：ご主人と十分，そのことで話し合われましたか。［　］
WB：ご主人はもっとあなたの気持ちを思いやることが必要ですね。［　］
WC：ご主人と気持ちが離れているとお感じなんですね。それで子どもたちに，そのことがどう影響するか不安をお持ちなんですね。［　］

　4人のグループになります。話し手（A），聞き手（B），点検者（C, D）を決めてください。Aが話します。Bが，Aの枠組から少しはずれた返答をすると，CまたはDが「注意」の札（イエローカード）をあげ，かなりはずれた返答をすると「警告」の札（レッドカード）を出します。
　相手の枠組みで聞く演習をしてみて，感じたことを記述しましょう。

7．相手の印象を話す（演習）

　意見の対立，感情的な確執が起きたとき，相手を尊重しつつ自分の考えや気持ちを率直に伝える方法のひとつとしてよく知られているのが，アイメッセージです。アメリカの臨床心理学者トーマス・ゴードンがこの方法を提唱しました。

　アイメッセージとは「私」を主語にして，自分自身がどう感じているかという思いを語ることです。これに対してユーメッセージは「あなた」が主語になる話し方です。「あなたは〜だ」と断定的にいうので，伝えたいことが十分に伝わらず誤解されることが少なくありません。また，非難，評価，説教，指示などの言葉はユーメッセージであることが多く，相手に威圧的であったり攻撃的に聞こえたりします。受け止める方は，自分が非難されているように感じるため反発を招くことにもなりかねません。

　アイメッセージの利点のひとつは，私が考えていることと他の人が考えていること，あるいは実際のことを区別することができるということです。「Aくんは間違っている」という言葉と「Aくんは間違っていると，私は思う」という言葉とは違います。また，「私」という言葉を使うことによって，自分の発言に責任をもつことができます。

　相談援助の場面では，クライエントに対して援助者が感じていることや思っていること，つまり印象を伝えることでクライエント自身の気づきを促すことがあります。このような場合，クライエントに防衛反応を起こさせず，心に届くような話し方が必要になってきます。このアイメッセージは，印象を伝えるときに役に立つ技法のひとつです。

　ワーク㉞をしてみて，感想を話しあいましょう。

相談援助　ワーク㉞

相手の印象を話す

次の言葉をアイメッセージに直してみましょう。

1. みんな，あなたにうんざりしているのよ。
2. そんなことをすると，お母さんに叱られるわよ。
3. あなたは，いつも私をせかすのね。
4. あの人は私には冷たいわ。
5. テレビの音が大きすぎるんじゃないの。
6. この絵って暗いよね。
7. 彼女がぼくをそこまで追い詰めたんだ。
8. そんなプランは危ない。
9. 君って，おとなしいんだね。
10. さっさとしなさい。

　互いの印象を語り合う練習をしましょう。この演習の目的は「話す」練習です。重要なのは印象についての「なにを」伝えるかということだけではなく，むしろ「どのように」伝えるかということです。相手に自分が感じたことを伝えることの難しさを実感してみましょう。

　3～4人のグループをつくります。まずは，一人の人（Aさん）を中心にして他の人がAさんに初めて会った頃のことを思い出しながら，Aさんの「第1印象」をいいます。そのときアイメッセージで話すようにします。他の人がいい終わったら，Aさんはいまの気持ちと考えたことを語り，他の人と分かちあいます。Aさんが終われば，他の人の印象を語ります。

　他の人への印象を言うとき，どんなことを特に伝えやすく感じましたか。あるいは逆に，どんなことを伝えにくく感じましたか。それをグループで話し合ってください。

8. プロセスレコード

対人コミュニケーション技法

プロセスレコードの起源

- プロセスレコードは半世紀以上も前に，看護の分野で患者と看護師の相互作用を明らかにするために開発された記録様式です。
- いち早く考案したのはペプロウです。
- 日本に紹介されたのは1960年後半以降のことでしたが，今日では広く対人援助の分野において，それぞれの目的に応じてた工夫がされ，活用されています。

プロセスレコードの視点

- 今回の演習で用いるプロセスレコードは，利用者とかかわる生活場面を再構成して，振り返ることで援助者自身のコミュニケーションパターンを知ることができる様式を用いています。そして，専門的な面接技術が習得できることを目的としています。
- したがって，内容は一貫して，生活場面における対人援助に必要な価値・倫理に基づき，援助者が利用者と望ましいコミュニケーション技法を用いることができているか，という視点でとらえています。

プロセスレコードの見方

1) 記述の項目

生活場面における面接を再構成する枠組みとして「利用者が言ったこと・行ったこと」「私が考えたこと」「私が言ったこと・行ったこと」としています。また，援助者は利用者を理解するだけに傾注せず，援助者である自分自身をも理解するため「考察」を設けてあります。

2) 記述の内容

「利用者が言ったこと・行ったこと」：言語的・非言語的な内容を丁寧に振り返った順を追った記述

「私が考えたこと」：どのように対応するのが望ましいかという視点で考えた内容の記述

「私が言ったこと・行ったこと」：言語的・非言語的な内容を丁寧に振り返った，順を追った記述

「考察」
 ：適切なコミュニケーション技法が用いられているかどうかの分析

考察のポイント

1) 焦点と態度

　援助者が利用者と対話するとき，その焦点がどこに充てられているでしょうか。また，援助者が利用者に対してどのような態度を示しているでしょうか。

2) 意図と目的

　援助者が利用者と行うコミュニケーションには，何らかの意図と目的を持っているでしょうか。

3) 共感的理解

　援助者が利用者に対して共感的に応対しているでしょうか。つまり援助者が，言葉・声・身体という3つのレベルから，利用者がより話しやすくなるように励ましているでしょうか。

4) 傾聴

　援助者と利用者の双方向的なコミュニケーションの中で，利用者が伝えようとしている意味を援助者が正確に受け取ろうとしているでしょうか。

相談援助 ワーク㉟

プロセスレコード①

1）事例を用いてプロセスレコードを実際に書いてみましょう。
2）グループメンバー一人ひとりの作ったプロセスレコードを発表しあって違っているところ，同じところを探しましょう。
3）どうして違いができたのでしょうか。
4）プロセスレコードについて思ったことを自由に語り合って理解したことを記述しておきましょう。

1）次の場面をプロセスレコードに記入して考察しなさい。
《事例》保育園のお迎えを待つ間，園庭で'高鬼'をしていた5歳児のD子は砂場の横のコンクリート階段に躓いて額を打ち，出血した。保健室で安静にしていたところ母親がお迎えに来た。
　母親が保健室に入ったときD子は額に冷たいタオルを当て一人で寝ていた。後から保育士が入ったときには，ショックのあまりか，大きな声で「けがした子どもを一人にさせて。この責任はどう取るのですか!!」と怒鳴っていた。保育士は「看護師がいたはずですが」とこたえたが，「保育園を訴えてやる!!」といわれて，思わず「大丈夫です。保育園では保険をかけていますから，治療費は保証します。」とこたえてしまった。それを聴いた母親は，「そうやって責任をすり替えている」と怒鳴りました。

　プロセスレコードを作成して感じたことを書きなさい。

タイトル：

　　　　　　　　　　　　　学籍番号　　　　　　氏名

利用者の紹介　　氏名　　　　　年齢　　歳　性別
利用者の特徴

この場面の状況説明

利用者が言ったこと・行ったこと	私が考えたこと	私が言ったこと・行ったこと	考察

この場面がもつ意義と自己評価

相談援助 ワーク㊱

プロセスレコード②

2)《事例》
　いつもの時間に登園してこないＴ子の家に担当保育士が電話を入れたが，電話は留守番電話となっていた。しばらくして登園してきたＴ子とその母親を見ると，疲れきった様子でゆうべは寝ていないという。

保育士「Ｔ子ちゃんも寝ていないんですか」
母「主人の帰りが遅かったものですから」
保育士「Ｔ子ちゃんだけでも……。健康に悪いですよ」
母「主人が……」と言って泣き出す。
保育士「……」

　プロセスレコードを作成して感じたことを書きなさい。

タイトル：

学籍番号　　　　　氏名

利用者の紹介　　氏名　　　　年齢　　歳　性別
利用者の特徴

この場面の状況説明

利用者が言ったこと・行ったこと	私が考えたこと	私が言ったこと・行ったこと	考察

この場面がもつ意義と自己評価

9．アサーションについて

　最近，市民講座やシルバー講座で「アサーティブ講座」とか「自己表現講座」が盛んにおこなわれています。

　平木典子さんは，『アサーショントレーニング，さわやかな《自己表現》のために』（日本・精神技術研究所，2003年）の中で，アサーティブ行動を「他者の思いや考えも大切にし，自分の思いや考えを正直に，素直にその場にふさわしい方法で表現する。」と紹介しています。相手の気持ちを丁寧に拾っていく過程では，アサーティブな自己表現をすることが大切になってきます。

☆3つのタイプの自己表現特徴
① 非主張的：引っ込み思案・自分の気持ちを表現しない。
　　　　　　自信がない。依存的。「言えないタイプ」
② 攻撃的　：自分の考えを過剰に表現し，他者の考えや思いを軽視し，自分の考えを押し付ける。「言いすぎる」
③ アサーティブ的：自分のことをまず考えるが，他者の思いや考えも大切にする。自分の思いや考えを正直に，素直にその場にふさわしい方法で表現する。

アサーティブの視点解説

　アサーティブな行動は，アサーション権を実践することとされます。アサーション権とはアメリカにおける人種差別反対運動や，女性解放運動の中から，それらの運動を支える人権思想として，認められてきたものです。このアサーション権は，人が生まれながらにして持っている，基本的な人権とされています。

　基本的なアサーション権として，
1. 私たちは，誰からも尊重され，大切にしてもらう権利がある。
2. 私たちは，誰もが，他人の期待に応えるかどうかなど，自分の行動を決め，それを表現し，その結果について責任を持つ権利がある。
3. 私たちは誰でも過ちをおかし，それに責任を持つ権利がある。
4. 私たちは，支払いに見合ったものを得る権利がある。
5. 私たちは，自己主張をしない権利がある。

相談援助　ワーク㊲

アサーティブな自己表現

☆演習課題（ねらい：自分と他者の自己表現タイプを知る。アサーティブな表現があることを知る）

○次の場面で，あなたはどの行動を取るでしょう。
① 友達に挨拶しても挨拶が返ってこない。
　a．無視されたと落ち込む
　b．もう一度挨拶する
　c．「何で挨拶しないの」とどなる

② 店のレジに並んでいたら，割り込みをされた。
　a．不快だが黙っている
　b．「並んでいるのですが」と言う
　c．「並べよ」とどなる

③ 仕事の説明を受けたが，よくわからない。
　a．そのままにする
　b．もう一度説明をお願いする
　c．教え方が悪いから，わかるわけがないと思う

☆傾聴やアサーションの技法を使って2人一組になって
（1）最近体験した，不快な経験を記述しましょう。

（2）二人一組になって，聞き手・話し手と交互に行う。

（3）感想を伝えあいましょう。

10. エゴグラムチェックリスト

　エゴグラムは，アメリカの精神分析学者，エリックバーンの開発した交流分析を基に，弟子であるアメリカの心理学者，J. M. デュセイが作ったものです。

　エリックバーンは，心の状態を親らしさ：P（Parent），大人らしさ：A（Adult），子どもらしさ：C（Child）としましたが，J. M. デュセイはさらに厳しい親：CP（Critical Parent），優しい親：NP（Nurturing Parent），大人：A（Adult），自由奔放な子ども：FC（Free Child），従順な子ども：AC（Adapted Child）の5つに分け，その5つの心の状態が，放出する心的エネルギーの高さをグラフとして，そのときの，心の状態を表そうとしたものです。日本で杉田峰康がエゴグラムチェックリストを作成し，50の質問にチェックすることにより，グラフ化をしやすくしました。

　あくまでも性格を知るということでなく，そのときの心の状態を知るテストであるということです。日本では，看護師等の職業人の自己管理に応用されています。

相談援助 ワーク㊳

エゴグラムチェックリスト

以下の質問を読み，あまり深く考えずに，感じたままに，
はい……○，いいえ……×，どちらでもない……△　で答えてください。
できるだけ，○か×で答えるようにしてください。
点数は，○…2点，×…0点，△…1点で計算します。

○×△

	1	人をまちがっているとかダメだとかいう方です	
	2	人に「頑張れ／早く／しっかり」などとよくいいます	
	3	頑固で，考えをなかなか変えない方です	
	4	他人の長所より欠点に気がつきます	
C	5	「〜するべきだ」といういい方をよくします	
P	6	ついおせっかいをしてしまいがちです	
	7	家庭や友人，後輩などにきびしい方です	
	8	相手の失敗や不正にはきびしい方です	
	9	物事ははっきりさせないと気がすまない方です	
	10	人に指図したりすることが多い方です	

CPの合計→

○×△

	1	思いやりの気持ちが強い方です	
	2	悲しんでいる人を見たら慰める方です	
	3	後輩や他人の面倒をみる方です	
	4	人に対して，どちらかというと親切な方です	
N	5	子どもの世話や相手をするのが好きです	
P	6	ボランティアに参加したいと思ったりします	
	7	礼儀・作法・習慣を重んじる方です	
	8	困っている人を見ると，手助けしたくなります	
	9	人の気持ちや人情を大切にする方です	
	10	人の長所に気づくとほめたりします	

NPの合計→

○×△

	1	将来の計画や予定を立てます	
	2	人の行為を冷静に観察する方です	
	3	計画を立ててから行動する方です	
	4	損得を考えてから行動するする方です	
A	5	何事も事実を確かめて判断する方です	
	6	わからないことは明らかにしようとする方です	
	7	わかりやすく話す方です	
	8	やらなくてはいけないことはてきぱきする方です	
	9	物事をうまくまとめることができる方です	
	10	話をするとき数字や資料を使ってする方です	

Aの合計→

○×△

	1	誰とでも騒いだりはしゃいだりする方です	
	2	気分の変化が激しいです	
	3	気が短く，怒りっぽいです	
	4	いいたいことを遠慮なくいってしまう方です	
F	5	上手にうそがつける方です	
C	6	おおらかで自由にふるまう方です	
	7	遊びの雰囲気に抵抗なくとけ込めるタイプです	
	8	よくじょうだんやしゃれをいったりします	
	9	いろいろなことに興味があります	
	10	わがままな方です	

FCの合計→

○×△

	1	いいたいことをいえない方です	
	2	なかなかふんぎりがつかない方です	
	3	他人の反対にあうと，考えを変えてしまいがちです	
	4	イヤなことでも無理にがまんしてしまう方です	
A	5	他人のきげんや顔色を見てからものをいう方です	
C	6	おどおどしてしまうことがありますか	
	7	物事がうまくいかずもうダメだと思うことが多いです	
	8	どうしていいかわからなくなることがよくあります	
	9	よく後悔します	
	10	どちらかというと遠慮がちで消極的な方です	

ACの合計→

96

エゴグラムから見た自分の特徴

	本来の働き	この部分が高い人の		この部分が低い人の		この部分を高めるには
		〈にじみ出る長所〉	〈陥りやすいワナ〉	〈にじみ出る長所〉	〈陥りやすいワナ〉	
CP	〈批判的な親〉の心 良心的に行動しようとしたり、理想を追求しようとする部分、規則を守ったり、正しく行動することを、自分自身や周囲の人、あるいは社会に要求する。	理想を追求する／責任感が強い／真面目／良心的／けじめがある／イエス・ノーをはっきり言える／自信がある／押しが強い／すじを通す	タテマエにこだわりすぎて融通がきかなかったり、頑固になりやすい。考えにあわないと相手を攻撃することも。	おっとりしていて融通がきく。柔軟性がある。批判的ではないので、他人と衝突することや、価値観に振り回されてイライラすることは少ない。	理想や目標を追求したり、ルールを守るという意識がうすいので、けじめがなく無責任ととられることもある。優柔不断で言うべきことが言えないことも。	自分の考えをまとめ、それを主張したり、実行すること。また自分の目標を決めて、周囲に流されずにそれを守り抜くトレーニングなどが役立つ。
NP	〈思いやる親〉の心 弱い者や幼い者に対し、やさしく保護的に接しようとする部分。援助を必要とする人の面倒を親身になって見たり、慰めたり、暖かい言葉をかけたりする。	人間関係をスムーズにする／暖かい／他人のために行動できる／献身的／やさしい／相手を支える／奉仕の精神／弱いものをかばう	情にもろいので、よかれと思って本当は相手のためにならないお節介をする事多し。情に流されてルールをつい無視することも。	さっぱりしていて、周りにいらない干渉はしない。情に流されることが少ない。	人の痛みや苦しみに関心が向かないので、冷たい人と思われたり、人のことに気を配らないので、関係がうまくいかないこともある。	相手の立場になって考えることから始める。相手を励ましたり、慰めたり、贈り物をしたり、積極的に相手のために行動を起こしてみよう。
A	〈考える大人〉の心 意志や感情や行動をコントロールする心の中のコンピュータの部分。感情に支配されずに、冷静に事実を観察し、自分や物事を判断する。計画をたてる。	現実をよく見て行動する／理論的に考える／感情に流されない／判断が中立で客観的／自分をコントロールする／落ち着いている	理屈で考えたり行動するのはいいが、時に理屈に走りすぎて、人の感情を軽視したり、打算的になりすぎることも。	変に理屈で割り切ることがない。純朴で、人間味がある。	論理的に考えたり、現状を分析するのが苦手で考えがまとまらなくなりがち。そのため計画を立てたり一貫した言動をするのが苦手で言動が場当たり的になりがち。	何かを言ったり行動する前に、その言動によって起こる影響を一つか二つ考えるくせを付けよう。計画を立てたり、読書で様々な考え方を知るのも有効。
FC	〈自由な子ども〉の心 他人や周囲の状況に左右されず、泣きたい時に泣き、笑いたい時に笑う心の働き。行動力の源となる。よくも悪くも感情的・自己中心的・積極的・行動的。	活発／周囲を明るくするムードメーカー／ひらめきや創造性が豊か／やる気がある／感情表現が豊か／天真爛漫／直感力がある	衝動的だったりそそっかしい面があるので軽率なミスをしたり、甘く考えて大失敗することもある。無責任やわがままには注意しよう。	おとなしく、落ち着いている。感情におぼれて、衝動的な行動をとることが少ない。	自分を楽しませること、積極的に行動すること、思い切ってやってみることが苦手なので、いろいろな経験をするチャンスを逃しがち。無表情に見えるかも。	楽しく毎日を過ごす方法を考えよう。趣味や部活動はその一つ。自分の気持ちをちょっとした勇気を出して表現してみよう。
AC	〈あわせる子ども〉の心 自分の本心をおさえて、周囲の人たちに順応しようとする部分。周りを気にする傾向が強いので、自分から行動する方ではない。従順でがまん強く、協調的。	感情を押さえることができる／慎重で周囲にあわせられる／波風をたてない／協調性があり集団の中でうまくやってゆく	周りに気をつかいすぎて消極的になったり依存的になったりして、心のバランスを崩しやすい面あり。我慢強いが限度を超えると不平や敵意が時に爆発。	自主性に富み、自分のペースを守る。積極性がある。	相手の気持ちを察したり、周囲にあわせたり、がまんするのが苦手。そのため自分勝手と思われて反感をかうことも。	ACが低い人はAをあげるとよい。ACが高い人は不快な感情に気づいたら気分転換しよう。また、CP・NP・A・FCのどれかがあがるとACは下がる。

全国保育士会倫理綱領

　すべての子どもは，豊かな愛情のなかで心身ともに健やかに育てられ，自ら伸びていく無限の可能性を持っています。
　私たちは，子どもが現在（いま）を幸せに生活し，未来（あす）を生きる力を育てる保育の仕事に誇りと責任をもって，自らの人間性と専門性の向上に努め，一人ひとりの子どもを心から尊重し，次のことを行います。
　私たちは，子どもの育ちを支えます。
　私たちは，保護者の子育てを支えます。
　私たちは，子どもと子育てにやさしい社会をつくります。

（子どもの最善の利益の尊重）
1．私たちは，一人ひとりの子どもの最善の利益を第一に考え，保育を通してその福祉を積極的に増進するよう努めます。

（子どもの発達保障）
2．私たちは，養護と教育が一体となった保育を通して，一人ひとりの子どもが心身ともに健康，安全で情緒の安定した生活ができる環境を用意し，生きる喜びと力を育むことを基本として，その健やかな育ちを支えます。

（保護者との協力）
3．私たちは，子どもと保護者のおかれた状況や意向を受けとめ，保護者とより良い協力関係を築きながら，子どもの育ちや子育てを支えます。

（プライバシーの保護）
4．私たちは，一人ひとりのプライバシーを保護するため，保育を通して知り得た個人の情報や秘密を守ります。

（チームワークと自己評価）
5．私たちは，職場におけるチームワークや，関係する他の専門機関との連携を大切にします。
　　また，自らの行う保育について，常に子どもの視点に立って自己評価を行い，保育の質の向上を図ります。

（利用者の代弁）
6．私たちは，日々の保育や子育て支援の活動を通して子どものニーズを受けとめ，子どもの立場に立ってそれを代弁します。
　　また，子育てをしているすべての保護者のニーズを受けとめ，それを代弁していくことも重要な役割と考え，行動します。

（地域の子育て支援）
7．私たちは，地域の人々や関係機関とともに子育てを支援し，そのネットワークにより，地域で子どもを育てる環境づくりに努めます。

（専門職としての責務）
8．私たちは，研修や自己研鑽を通して，常に自らの人間性と専門性の向上に努め，専門職としての責務を果たします。

社会福祉法人　全国社会福祉協議会
全国保育協議会
全国保育士会

参考文献

1) Redl, Fritz (1959), "The Life Space Interview", *American Journal of Orthopsychiatry*, (29), p. 6.
2) D. エバンス，M. ハーン，M. ウルマン，A. アイビー著，援助技術研究会訳，杉本照子監訳：面接のプログラム学習，相川書房，1990 年
3) 岡知史『Helping Skills Training』私家版
4) 谷川和昭，井上深幸，趙敏廷『Skill Training Seminar in Social Work』私家版
5) 平木典子『アサーション入門―自分も相手も大切にする自己表現』（講談社現代新書），2012 年
6) 平木典子『アサーショントレーニング―さわやかな〈自己表現のために〉（改訂版）』日本・精神技術研究所，2009 年
7) 中村和子・杉田峰康『わかりやすい交流分析』チーム医療，1984 年
8) 杉田峰康『交流分析のすすめ―人間関係に悩むあなたへ』日文選書，1990 年

索　引

あ　行

アイスブレーキング　3
アセスメント　35, 40
アプローチ　41
インターベンションとモニタリング　36
インテーク　35, 37, 38
ウエルビーイング　6
エコマップ　35, 65
エコロジカル視点　25
エバリュエーション　36
エンパワメント　6, 26
エンパワメント・アプローチ　26

か　行

価値観　43
グループワーク　33
ケースワーク　33
コーチング　73
子どもの最善の利益　2, 18
コミュニティ・ワーク　33

さ　行

ジェノグラム　35, 65
ジェノグラム・エコマップ　41
自己覚知　41, 43, 45
自己実現　6, 32
慈善組織協会　7
児童の権利に関する条約　26
児童の最善の利益　32
社会資源　32
社会診断　7
社会正義　32
社会組織　32
社会福祉援助技術　8
シングル・システム・デザイン　65
信頼関係（ラポール）　35

信頼関係（ラポール）の形成　60
ストレングス視点　25
生活場面面接　73
セツルメント運動　7
ソーシャルワーク　6, 8
ソーシャルケースワークとは何か　7

た　行

ターミネーション　36
他者理解　46
単一事例実験計画法　68

な　行

ニーズ　41
認定こども園　6

は　行

バイステックの7原則　18, 54
people　8
プランニング　36, 40, 42
place　8
problem　8
process　8
保育所保育指針　5

ま　行

マッピング　65
民生委員　32
問題（ニーズ）　2

ら　行

ライフイベント　49
ライフサイクル　49
利益の優先　26
リッチモンド　7
リファー　36
倫理　7

相談援助ワークブック〈第二版〉

2014年3月31日　第一版第一刷発行　　　　　　◎検印省略
2016年1月30日　第二版第一刷発行

編著者　古川繁子

発行所　株式会社　学文社　　郵便番号　153-0064
発行者　田中千津子　　東京都目黒区下目黒3-6-1
　　　　　　　　　　　電　話　03(3715)1501(代)
　　　　　　　　　　　http://www.gakubunsha.com
©2014 HURUKAWA Shigeko Printed in Japan
乱丁・落丁の場合は本社でお取替します。　　印刷所　新灯印刷株式会社
定価は売上カード，カバーに表示。

ISBN 978-4-7620-2600-3